UNA ANCIANA EN EL ESPEJO

Relatos de psicogeriatría

HUGO VEGA HERNÁNDEZ

dr.hugo.vega.hdz@gmail.com

Número de Registro: 03-2018-053011422200-01
Sello: Independently published

Edición: Mariana Camarillo Segura
Diseño de portada: Daniela Balcázar León

DEDICATORIA

A Vene, mi compañera de vida y Leo, nuestro retoño; por alentarme a seguir adelante.

A mis padres Pita y Hugo que me han formado como ser humano.

A mis hermanos, Miguel, Ana Rosa, Angelica y Memo, que han apoyado todos mis proyectos.

PRÓLOGO

El presente libro es de gran interés ya que aborda temas con más perspectiva futura sobre psicogeriatría, pues el envejecimiento poblacional, según lo muestra la siguiente gráfica de las Naciones Unidas, ha tenido un notable incremento por grupo etario a partir de los 60 años (gráfica 1) que se ha emparejado con nuestro enfrentamiento ante una feminización del envejecimiento (gráfica 2).

Gráfica 1

Población total y por grupos de edad (miles). México, 1950-2100

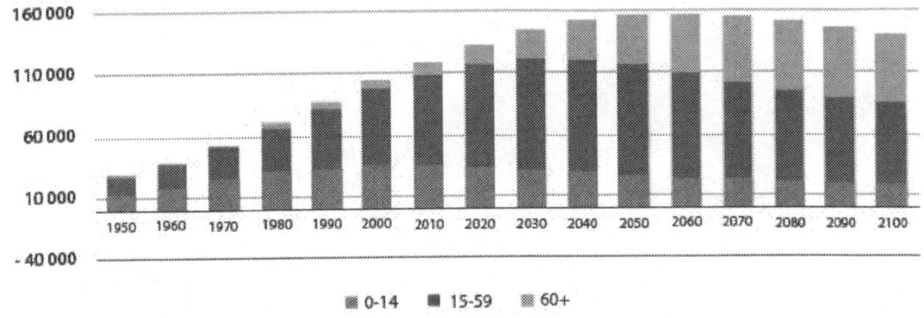

Fuente: datos de United Nations. *World Population Prospects-2012*. New York, Population Division, United Nations.

Entre los mayores logros en materia de salud pública del siglo XX estuvo el control, prevención y erradicación de enfermedades transmisibles e infecto-contagiosas, así como la creación de instituciones e infraestructura hospitalaria para formar paulatinamente el sistema de salud tras la Revolución de 1910.

En materia de desarrollo social, el Estado deseaba brindar mayor y mejor educación con el objetivo de crear el capital humano acorde a las necesidades de un país en desarrollo. De igual manera se decretaron leyes que favorecieron las condiciones laborales.

Gráfica 2

Población de [60+] en grupos de edad y sexo (millones), 2010-2100

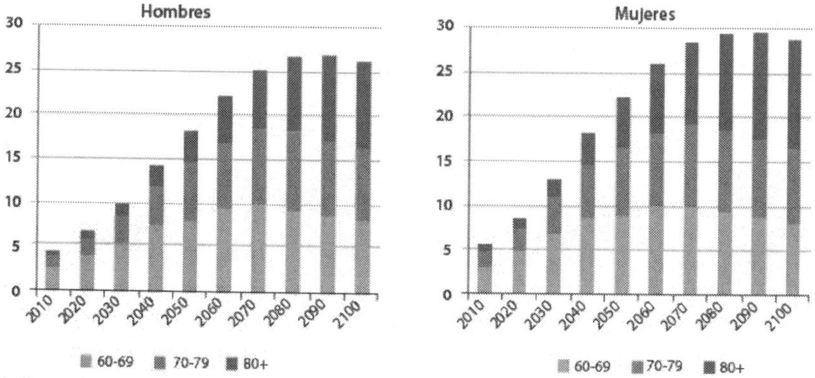

Fuente: datos de United Nations. *World Population Prospects-2012.* New York, Population Division, United Nations.

Desde las primeras décadas del siglo XX se vislumbró a México como una nación joven con la mejor estrategia para la escolaridad de su población; no obstante, en gran medida cayó en una mala administración que estorbó en demasía al desarrollo social y económico, incluyendo al educativo. (Ham-Chande, 2015)

Sabemos que el envejecimiento es una etapa que se ha dado gracias al avance tecnológico y la salud pública, pero nos enfrentamos a una amarga realidad: vivimos más, pero no mejor, lo que provoca que la psicogeriatría se enfrente a un gran dilema: mejorar la calidad de vida y evitar que el paciente sea abandonado en la vía pública o, en el mejor de los casos, en una institución.

Los síntomas presentados durante el transcurso de los trastornos psicogeriátricos son los que principalmente pueden provocar rechazo y que el adulto mayor sea abandonado; por eso, la intervención médica psiquiátrica especializada en atenderlo es fundamental para preservar su independencia y dignidad.

En esta época de gran tecnología los vedets de la medicina realizan diagnósticos basados en estudios costosos y difíciles de completar para el anciano y su familia y que solo muestran una parte de la realidad. Sin embargo, el peso que tiene la clínica es mayor cuando se implementa adecuadamente. Esto sucede con el diagnóstico; con la evolución de la patología sucede algo similar.

El psicogeriatra es quien acompañará al paciente y su familia durante el tránsito de la enfermedad hasta la muerte. Aquí vemos la relevancia de esta especialidad médica basada en el humanismo y, especialmente, en la clínica, pues -como lo muestra Hugo- es a través de la observación fenomenológica que se obtiene el material para el manejo terapéutico, e incluso para redactar libros como este.

Las vivencias que el paciente comparte con su médico son el material principal de la psiquiatría fenomenológica, pues las toma como objeto de estudio.

Karl Jaspers define el terreno de actuación de la psicopatología argumentando que «solo lo que realmente existe en la consciencia debe ser representado, mientras que lo no dado no existe». Es el acontecer psíquico realmente consciente y nos quiere decir que la consciencia es lo que se altera en el fenómeno neurológico, y sería parteaguas de la psiquiatría con otras especialidades en las que se estudian las alteraciones de la consciencia casi siempre causadas por enfermedades médicas. (Primero-Rivas, 2016)

En la psiquiatría fenomenológica todo lo que se aprende viene de nuestros pacientes de manera generosa; mientras buscan comprensión y alivio, nos guían por los secretos íntimos de sus vivencias anormales, muchas veces sorpresivas o temidas por ellos mismos, pero a la vez deseadas como parte de sí mismos.

El libro se estructura en horas de escucha terapéutica y en una descripción exhaustiva de lo observado por el médico. Creo que no solo significa un aporte para la psiquiatría general, sino que es un mensaje muy oportuno para retomar el camino de la vivencia clínica, que es la que enriquece a la psiquiatría en una época de sobre-tecnificación en la que se puede diagnosticar con solo observar estudios y sin hablar con el paciente, lo que es absurdo e irracional.

En psiquiatría, de acuerdo con su naturaleza, el abordaje clínico basado en la observación y la escucha será siempre la brújula que guía el método clínico fundamental para poder diagnosticar acertadamente e indicar como consecuencia un tratamiento coherente.

En la obra *Una anciana en el espejo* queda claro que no solo se hace clínica, sino que además se utiliza el método psicoterapéutico de orientación dinámica, la imagen del terapeuta en Magitte, en el que únicamente se observa el sombrero (no hay cara ni tórax), se limita a una jaula con un ave. Sin duda es el espejo que un verdadero terapeuta utiliza a través de su neutralidad para concientizar la transferencia por el paciente.

La transferencia es lo que el paciente siente hacia el médico pero que no se origina en el aquí y el ahora, sino que se transporta del pasado, desde la infancia y que de manera inconsciente se deposita en el médico.

Esta sería la explicación de *Una anciana en el espejo*. Debe ser otra persona. Es el médico que escucha y comprende, permitiendo en el paciente la aceptación de su problema expresada a través de la vivencia.

El texto te conduce por la materia de la psicogeriatría, uno de los más grandes retos de la medicina actual ya que atender al anciano significa ser médico, psiquiatra, psicoterapeuta y humanista. Ante esta complejidad, el autor da la solución creando arte. Este escrito es también una obra literaria. Creo que es la solución ideal para poder explicar a la población temas tan duros como el envejecimiento.

En 1930, Sigmund Freud recibió el premio Goethe de literatura. Desde su creación (en 1927), fue la cuarta persona a quien se consideró con los méritos suficientes para acceder a tan valioso reconocimiento a pesar de que no se distinguió precisamente por ser poeta o literato. Sabemos que fue un médico vienés interesado en el comportamiento humano y en la cultura y que en el siglo XX hizo aportaciones de magnitud insospechada a la sociedad. Descubrió el inconsciente del que en ese momento nada se sabía. (Gallego-Delima, 2009)

Vemos como Freud recurre a la literatura como forma de dar a conocer sus aportes y de esta manera volverlos accesibles para la población médica y general.

Esto permite al lector tener una obra amena y actualizada que le ayudará a entender el por qué y para qué de las decisiones médicas y, desde ese punto, puede ser un libro de autoayuda para quien padece algún trastorno mental. Este libro, debido a sus características, promete la mayor difusión de la psicogeriatría en nuestro país.

El Hospital Psiquiátrico Fray Bernardino Álvarez, lugar en el que nació la unidad de psicogeriatría en 1987, reestructurándose en 1993 y convirtiéndose en el principal centro de formación de psicogeriatras a nivel nacional, es el lugar del cual egresó el doctor Hugo Vega y al que honra con la presentación de este libro con el que le deseamos la mayor de las suertes.

Otro objetivo que debe cumplir este libro es el de concientizar a los administradores de salud acerca de que la inversión actual en esta etapa de la vida es un ahorro si se hace de manera oportuna, pues la problemática -al irse incrementando como lo está haciendo- va a ser inmanejable en un futuro si no se previene médicamente y se invierte racionalmente para enfrentarla.

Creo que de ahí nace escribir un libro no solo científico, sino literario y muy ameno. Cabe mencionar que también colaboró en la escritura de un capítulo del libro que fue publicado en nuestro hospital: *Psicogeriatría: Tópicos selectos*. (Roche, 2017)

En síntesis, hablamos de un gran profesional, formado en las mejores instituciones, con una fortaleza y vocación que lo diferencian de la mayoría. Considero que su libro es excelente y confiable en todos los tópicos y aseveraciones que plasma.

Dr. Andrés Gerardo Roche Bergua
Profesor titular de la sede de especialización de psiquiatría
Jefe fundador de la unidad de psicogeriatría del Hospital Psiquiátrico
Fray Bernardino Álvarez

INTRODUCCIÓN

La evolución del conocimiento en materia de medicina, ciencia y tecnología ha hecho cada vez más necesaria la especialización del abordaje al paciente para la atención médica en todos los niveles de salud, desde el más simple hasta el más avanzado.

En los últimos 100 años hemos sido testigos de cambios a nivel social y cultural que han generado una rápida revolución ante la que por momentos ha sido difícil adaptarnos; sin embargo, la posibilidad que tenemos de ir viviendo, conociendo, percibiendo y traspasando las barreras tecnológicas a las que nos enfrentamos, nos da la oportunidad de conocer más a fondo el medio en el que estamos inmersos.

Asimismo, hemos generado la ocasión para conocer de manera más amplia a la naturaleza que nos rodea y al propio ser humano en todos sus ámbitos: biológicos, psicológicos, sociales, culturales, espirituales, etcétera. Enfrentar día a día las barreras del medio en el que nos encontramos nos permite traspasarlas y entender mejor el entorno.

La curiosidad natural que tenemos como seres humanos es una virtud imprescindible que nos acerca cada vez más a los objetivos que nos planteamos. Mientras hace 200 años era imposible volar, hoy hacerlo es una realidad. Lo mismo sucede con la posibilidad de comunicarnos a distancia con nuestros seres queridos con el fin de tenerlos virtualmente cerca.

Los cambios ante los que nos enfrentamos no solo se limitan a lo que hacemos de manera manual o mecánica, ni a modificaciones culturales, sociales, geológicas o científicas, sino a aquellas que están a nivel de nuestro organismo. A medida que cambia el medio en el que nos encontramos nos vamos adaptando a él, y es en ese momento cuando se presenta parte de la evolución genética del ser humano. Vamos envejeciendo y teniendo necesidades diferentes.

El envejecimiento es parte de la evolución de los seres, es una situación dinámica que cambia conforme avanza el tiempo. Mientras más vivimos, más envejecemos y mayor es nuestra probabilidad de presentar cambios que nos lleven a la etapa final, es decir, a la muerte.

El envejecimiento se caracteriza por cambios progresivos que resultan en el decremento de las funciones físicas y de la capacidad de adaptación. Es un proceso propio del periodo adulto.

Durante dicha etapa se presentan cambios que -debido a sus características- son universales, pues se presentan en todas las personas; además son intrínsecos y progresivos ya que, una vez que comienzan, no se detienen hasta la muerte. Cada uno envejece de acuerdo a sus propias particularidades físicas, genéticas y de adaptación al proceso.

Para fines analíticos se han identificado distintas categorías en los diversos grupos etáreos y aunque en algunos lugares se establece el inicio de la vejez a los 65 años, en otros se instaura a partir de los 60. Lo cierto es, que mientras más viejos nos volvemos, existe mayor probabilidad de presentar problemas físicos y psicológicos que nos lleven a sufrir fragilidad o dependencia.

Según datos de la Organización Mundial de la Salud (OMS, 2016), actualmente la esperanza de vida se prolonga en promedio hasta los 86,8 años para las mujeres japonesas (las más longevas) y hasta los 81,3 para los hombres suizos, mientras que la población de Sierra Leona mantiene la expectativa de vida más baja de todo el mundo para ambos géneros, siendo de 50,8 años para las féminas y de 49,3 para los varones. A nivel mundial, la estadística muestra que los niños nacidos a partir del 2015 tienen probabilidades de subsistir hasta los 71,4 años.

Al hacernos más longevos aumenta el número de ancianos, con lo que se requiere asistencia a la demanda creciente de atención a sus padecimientos.

El aumento poblacional de este grupo de personas nos lleva a estudiar la senectud de manera general y de acuerdo a las características propias de cada individuo. Mientras algunas presentan envejecimiento esperado, es decir, sin limitaciones que les impidan realizar sus actividades de manera adecuada e independiente, otras exhiben un declive patológico, perdiendo la posibilidad de desempeñarse como quisieran.

Si bien es cierto que durante el paso de los siglos la medicina ha buscado la causa de las enfermedades físicas y mentales, durante mucho tiempo ese estudio se limitó en gran parte a investigar únicamente la causa de los problemas que ponían en riesgo la vida, dejando de lado a la mente y el comportamiento al considerarlos obra de espíritus, demonios o fuerzas desconocidas; sin embargo, en los últimos siglos, el estudio de la salud mental ha cobrado importancia, sobre todo a partir del desarrollo de la farmacología y de la neuroimagen.

Actualmente, podemos dar sustento neurobiológico y científico al comportamiento y a las emociones dejando de lado las interpretaciones mágicas o culturales y dando mayor peso a las neurociencias; no obstante, aún estamos lejos de poder estudiar el cerebro a la profundidad a la que quisiéramos.

Valorar a profundidad al paciente geriátrico con problemas de salud mental es un reto al que nos enfrentamos los profesionales de la salud, ya que no solo debemos poner énfasis en el estudio de los cambios físicos y neurológicos que presenta, sino a las sutiles variaciones psicológicas presentadas en las funciones mentales superiores. Dichas modificaciones pueden deberse a alteraciones en el sistema nervioso central como neurodegeneración, en la conducción eléctrica neuronal, a nivel vascular o incluso metabólico.

Según San Joaquín y Cols. (2007), la valoración geriátrica debe ser integral e ir encaminada a:

- Mejorar la exactitud diagnóstica con base en una valoración cuádruple que abarque los aspectos clínico, funcional, mental y social.
- Descubrir problemas tratables no diagnosticados previamente.
- Establecer un tratamiento cuádruple adecuado y racional a las necesidades del anciano.
- Mejorar el estado funcional y cognitivo, así como la calidad de vida.
- Conocer los recursos del paciente y su entorno socio-familiar para situarlo en el nivel médico y social adecuado conforme a sus necesidades, evitando que sea posible la dependencia.
- Reducir el número de ingresos hospitalarios e institucionalizaciones y, preferentemente, la mortalidad.

La valoración debe ser realizada por personal experto y capacitado que pueda ver más allá de los síntomas clínicos, es decir, que atienda al anciano mediante un diagnóstico no solo biológico, sino familiar, social y cultural, a fin de buscar las barreras que impidan su mejor funcionamiento posible y así poder enfrentarlas.

Por ello, es necesario conocer los cambios del cuerpo y del cerebro envejecido, tanto aquellos que son esperados (envejecimiento normal), como los anormales (envejecimiento patológico). En cuanto a las alteraciones patológicas se refiere, es necesario integrar las anormalidades más comunes y la presencia de los denominados síndromes geriátricos y psicogeriátricos, estados de salud que suelen presentarse en las últimas etapas de la vida y que no son exclusivos de una patología.

Dentro de la valoración general del anciano, el examen mental es una parte de la historia clínica que cobra vital importancia debido a que es una herramienta que nos llevará a determinar si existe o no la presencia de una patología psicológica o neuropsiquiátrica que impida tener una adecuada calidad de vida. Al realizar un buen examen mental podremos identificar padecimientos como depresión, ansiedad e incluso la presencia de trastornos neurocognitivos mayores (antes llamados demencia).

En materia de salud mental es cada vez más necesario que el personal (médicos generales, especialistas, psicólogos, trabajadores sociales, terapeutas...) se familiarice con los problemas más frecuentes tanto en el anciano como en la población general, pues gran cantidad de pacientes presentan síntomas tan enmascarados que, por sus manifestaciones específicas, pueden causar exacerbación o agravamiento dentro de otras situaciones clínicas, generando mayor sufrimiento y acrecentando problemas psicológicos o de salud, predisponiendo a los pacientes a presentar fragilidad y posteriormente dependencia a algún familiar, colocándolos en una posición de vulnerabilidad.

Ante la sospecha de algún padecimiento de salud mental ya sea leve o grave, la pronta evaluación puede llevar a una atención temprana y adecuada que disminuya las consecuencias de la progresión del padecimiento y la exacerbación de problemas comórbidos.

La preocupación sobre la salud mental del paciente geriátrico es y debe ser tema de primordial relevancia en nuestra práctica clínica diaria dados los cambios demográficos, económicos, políticos y socioculturales a los que estamos expuestos constantemente.

Este texto pretende mostrar de forma práctica la manifestación de padecimientos psiquiátricos en el paciente anciano mediante la explicación didáctica de algunos casos clínicos, pues, a pesar de que diariamente encontramos dichos padecimientos en el consultorio de psicología o de medicina general, así como en el de especialidad, en ocasiones los pasamos por alto en nuestra valoración, por lo que aprender a identificarlos nos dará la oportunidad de otorgar un mejor tratamiento y atención a nuestra población.

CAPÍTULO 1

CONSULTA CON EL PSICOGERIATRA

De todas las revisiones médicas a las que el señor Daniel había asistido, ninguna se había llevado a cabo en una institución de salud mental pues, hasta el momento, ningún especialista lo había enviado a obtener ese tipo de valoración.

-Nunca se nos ocurrió llevarlo al psiquiatra ya que no considerábamos que mi abuelito estuviera loco- comentó el nieto que lo acompañaba.

Daniel llevaba casi cuatro años presentando cambios en el pensamiento y el comportamiento de manera progresiva y, a pesar de haber recibido algunos tratamientos, su padecimiento continuaba agravándose de forma silente cada día hasta que se volvió difícil de manejar en casa. Fue entonces cuando un amigo del club deportivo al que asistía le sugirió a la familia buscar ayuda psiquiátrica. Al principio se negaron, pero después fue imprescindible buscar la valoración.

La primera vez que el señor Daniel y su nieto ingresaron al consultorio me presenté ante ambos como especialista. Recibí de su parte un afectuoso saludo, ingresaron sin problema alguno y se sentaron frente al escritorio. A fin de que se sintieran cómodos y en confianza, intercambiamos palabras ajenas a la consulta y, posteriormente, iniciamos la valoración médico-psiquiátrica.

De primera instancia, me dirigí al señor Daniel para preguntarle algunos datos generales, pero solo pudo responder de manera acertada su nombre completo, su lugar y fecha de nacimiento y la religión que profesaba. De su trabajo y ocupaciones anteriores pude saber que había estado en el departamento de ventas de una fábrica cervecera aproximadamente durante 25 años y que, previo a eso, trabajó un tiempo como vendedor de vinos y de textiles.

Tras su jubilación, desde hacía más de 20 años, fue comerciante, aunque no precisó en qué rubro ni por cuánto tiempo. Llevaba más de una década dedicándose exclusivamente a visitar el club deportivo cada día, y a atender sus propias necesidades.

Aseguró tener 62 años y estar casado; sin embargo, tenía 84 y había enviudado. No recordaba haber estudiado más allá de la primaria, pero su nieto aseguró que había llegado a la preparatoria.

Haberle preguntado directamente la ficha de identificación ayudó a ver el panorama de una manera más amplia y, aunque aún no conocía el motivo de la consulta, obtener la información básica me permitió identificar que en su memoria y en su forma de hablar no todo estaba en orden. Por momentos se notaba su dificultad para recordar de manera precisa. En ocasiones contestaba rápidamente, aunque algunas respuestas no eran adecuadas, debido a esto, su nieto tuvo que proporcionar la información correcta.

Tras la valoración, el nieto del señor Daniel me comentó que el motivo de la consulta se debía a que, unos días atrás, su abuelo había tenido un ´ataque de agresividad´ que consistió en tomar un bastón y atacar tanto a su hija como al chofer de la familia, argumentando que mantenían un amorío sin su consentimiento. Lo cierto era que se trataba de una idea más de todas las que llevaba expresando desde hacía casi un año y que, según comentaron los familiares, no tenían fundamento alguno.

A pesar de que la evolución del padecimiento llevaba aproximadamente cuatro años, en ese momento había mucha tensión en la familia debido a que el señor Daniel se tornaba agresivo y difícil de controlar gracias a las ideas erróneas que se generaban en su pensamiento. Verlo así era algo nuevo para todos, pues siempre había sido una persona tranquila.

El nieto comentó que, al menos cuatro años atrás, la familia comenzó a notar la dificultad del señor Daniel para recordar el nombre de sus amigos o familiares lejanos. Después dejó de recordar los nombres de calles, lugares y objetos, conversaba menos y tenía dificultad para expresarse debido a que, por momentos, no recordaba con exactitud las palabras que quería expresar. Al principio manifestaba tener la palabra ´en la punta de la lengua´ y después ni siquiera se daba cuenta de que se le olvidaban.

En ese entonces los familiares pensaron que esos olvidos eran algo normal para las personas de su edad, que era parte del envejecimiento (*viejismo*)[1]; sin embargo, notaron que su situación se iba agravando con el paso de los meses. Además de las dificultades con su memoria, el señor Daniel comenzó a perder objetos y esto fue cada vez más preocupante.

-No encontraba sus zapatos y, algunas veces, tampoco su ropa o el cinturón. Perdía su dinero, la cartera, las llaves del carro, las tarjetas bancarias, el celular... Un día dejó las compras de la comida semanal en el supermercado y cuando regresamos no había nada. Se nos hizo raro porque mi abuelo siempre fue muy cuidadoso con todas sus cosas- comentó su nieto.

La situación generó molestia a la familia por la constancia con la que tenían que reportar las tarjetas bancarias o buscar los objetos perdidos por toda la casa, lo que causaba discusiones.

En más de una ocasión Daniel expresó sus sospechas de robo por parte de los trabajadores domésticos, el chofer e incluso sus propios familiares, pero a menudo las cosas que extraviaba eran encontradas dentro de los cajones de los muebles de su habitación. Por tal motivo, la familia no investigó si en realidad compartían techo con alguien que robara sus pertenencias. Más tarde comenzó a olvidar y confundir el nombre de las personas con las que convivía a diario y a tener dificultades para conversar.

-Antes hablaba con todo el mundo, ahora habla poco o incluso se limita a contestar con monosílabos como sí, no o no sé, en vez de frases- mencionó su nieto. Además, en ocasiones perdía el hilo de la conversación o respondía algo totalmente diferente a lo que se le preguntaba. Poco a poco fue olvidando más cosas.

---

[1] Término acuñado por R. Butler que describe el conjunto de prejuicios, estereotipos y actitudes negativas y discriminatorias que mantiene la población debido a creencias inapropiadas respecto al proceso de envejecimiento. Butler, R.N. Age-ism: Another Form Of Bigotry. The Gerontologist, 1969. Pp. 9, 243-246.

Entre dos y tres años después de que observaron los primeros indicios de sus problemas de memoria, los familiares notaron que Daniel había olvidado el nombre de gran cantidad de objetos, incluidos los de uso personal. Con el paso del tiempo observaron que comenzó a cometer errores como dejar abiertas las llaves del agua después de lavarse o las perillas de la estufa encendidas tras cocinar.

-¡Un día calentó su comida en el microondas alrededor de una hora!- exclamó el nieto -por eso comenzamos a vigilarlo más de cerca, porque la situación representaba un gran peligro.

La sintomatología era cada vez más evidente. Comenzó a tener periodos de desorientación, llegando a perderse por varias horas mientras caminaba sin rumbo fijo. En una ocasión fue apoyado por el vigilante de la colonia, por lo que logró regresar a su casa rápidamente, pero el suceso propició que se le supervisara de manera más acusada.

Debido a que cada miembro de la familia tenía sus propias ocupaciones, por momentos era difícil mantenerse a lado del señor Daniel, quien ante las breves ausencias o distracciones escapaba de casa. En más de una ocasión la familia optó por seguirlo de cerca y con discreción para no generarle enojos por ser retenido o para evitar discusiones o ´ataques de agresividad´. Notaron que, debido a su desorientación, no sabía qué rumbo tomar o hacia dónde ir.

A pesar de todo Daniel seguía acudiendo al club deportivo al que había pertenecido por más de quince años, pero sus hijas decidieron llevarlo con menor frecuencia dada su dificultad para mantener buena comunicación, a su poca voluntad para realizar los ejercicios de *reiki* y *tai chí* a los que antes acudía entusiasmado y a que cada vez requería de mayor asistencia.

Daniel vivió solo hasta un año antes de la consulta psiquiátrica debido a que su familia comenzó a notar la disminución de su peso, por lo que sospecharon que se trataba de mala alimentación. Además, observaron que cometía errores durante la preparación de sus alimentos. Un día, una de sus hijas lo descubrió comiendo un sándwich de atún con *Nutella* sin que mostrara desagrado ante la mezcla. Dos meses después sufrió una caída mientras reposaba sobre su cama, lo que le produjo un traumatismo craneoencefálico leve sin pérdida del estado de alerta que no requirió hospitalización, pero que dejó como secuela confusión durante una semana. Siete días más tarde se le practicó una tomografía axial computarizada que mostró datos de un edema que fue manejado de manera ambulatoria. Tras ello, el problema de memoria se exacerbó y los olvidos se tornaron más evidentes. Los familiares lo notaron porque no recordaba las conversaciones del mismo día.

Las hijas de Daniel consideraron impertinente que viviera solo, por lo que cambiaron su residencia a casa de una de ellas, pues las limitaciones psicológicas que cursaba le produjeron cada vez mayor dependencia funcional[2], a tal punto que llegó a requerir ayuda para realizar actividades básicas y cotidianas[3], generando desequilibrio entre sus necesidades y su capacidad de resolverlas de manera autónoma.

Además de su imposibilidad de vestirse, cocinar o salir a la calle solo, Daniel comenzó a presentar episodios de pánico ante la probabilidad de volver a caer de su cama, así como cambios en su ciclo de sueño.

Su nieto comenzó a notar que dormía apenas cuatro horas continuas para luego pasar el resto de la noche con periodos de sueño frecuentemente interrumpidos y que lo mantenían en vela por lapsos de entre 30 minutos y dos horas. A pesar de las siestas que lograba tomar, no descansaba y se notaba somnoliento.

A la par presentó errores de juicio y de conducta como orinar en el cesto de la ropa en vez de acudir al sanitario. Posteriormente perdió el

---

[2] Necesidad de ser asistido o supervisado activamente por otra persona para realizar actividades básicas cotidianas como, comer o bañarse. La dependencia funcional es comúnmente vista en personas que presentan alguna discapacidad física o intelectual consecuentes de enfermedades cerebrovasculares o cardiovasculares, fractura de cadera, déficit visual, problemas osteo-articulares, síndromes geriátricos, psicosis, demencia, enfermedad de Parkinson, entre otros.

[3] Las actividades básicas cotidianas se dividen en 9 grupos: aprendizaje y aplicación de conocimientos, tareas y demandas generales, comunicación, movilidad, autocuidado, vida doméstica, interacciones y relaciones interpersonales, áreas principales de la vida (educación, trabajo, economía) y vida comunitaria, social y cívica. La dificultad para llevar a cabo dichas actividades se traduce en discapacidad para ser autónomo. Clasificación Internacional del Funcionamiento, de la Discapacidad y de la Salud, 2001. Pp. 16.

control de esfínteres hasta que las hijas, a pesar de hacer lo posible por evitar que utilizara pañales, decidieron que era necesario que los usara.

Los hijos y nietos comenzaron a notar que Daniel presentaba raspones y pequeñas equimosis en las manos o que caminaba con torpeza para medir los espacios por los que transitaba, golpeándose ocasionalmente, por fortuna, sin consecuencias graves.

Mientras más tiempo pasaba, lejos de mejorar o de estabilizarse, la situación se agravaba. Su comportamiento, sus pensamientos y su capacidad para comunicarse habían cambiado. Su habilidad para controlar su cuerpo había disminuido considerablemente y algunas veces permanecía alrededor de una hora en la misma posición y con la mirada perdida. Si bien esto último hacía que fuera más fácil manejarlo, los familiares no sabían si ello era mejor o peor.

El señor Daniel insistía en mencionar que le robaban sus cosas; sin embargo, con el tiempo comenzó a asegurar haber sido víctima del robo de objetos que nunca había tenido. La situación llegó a tal grado que los familiares decidieron llevarlo con un médico internista, quien inició un tratamiento a base de *memantina*, continuando con *irbesartan* y *amlodipino*; este último un medicamento que tomaba desde hacía algunos años con la finalidad de estabilizar su presión arterial. Con dicho tratamiento, el señor Daniel se mostró sin alteraciones en la sintomatología por lo menos durante seis meses; sin embargo, a pesar de mantenerse estable, no recuperó funcionalidad.

Tres meses antes de la primera valoración psiquiátrica, el señor Daniel comenzó a expresar su molestia por la inexistente relación amorosa entre su chofer y una de sus hijas. A menudo conversaba al respecto durante horas y repitiendo la misma información una y otra vez, aun cuando los involucrados le aseguraban que la situación no era verdadera. La molestia generada en las hijas debido a su insistencia en el tema pronto se hizo evidente.

Una de las cosas que llamó la atención de los familiares fue el repentino interés de Daniel por temas sobre sexualidad, pues a lo largo de su vida había sido una persona reservada en dichos rubros.

–Además de asegurar que mi tía y el chofer tienen sexo en cualquier espacio de la casa, mi abuelo insiste en que quiere una pareja. Y le ha dado por tocarse por encima de la ropa como si tuviera prurito o escozor, pero con cierta satisfacción y placer. También asegura ver a un hombre alto, vestido con gabardina negra, saliendo de la coladera.

Por obvias razones la convivencia en casa no era nada fácil. Si la hija tardaba en llegar, ya fuera por trabajo o por alguna de las actividades lúdicas que llevaba a cabo, Daniel mostraba intranquilidad y preguntaba por ella constantemente. Parecía que su preocupación era del tipo que se suele tener por la pareja y, si recordaba el supuesto amorío, su molestia crecía debido a la aparente amenaza ante su relación. Esa fue la causa por la cual, en una ocasión, el señor tomó su bastón y se dirigió al chofer con intención de golpearlo. Por fortuna, uno de los nietos y una de las hijas estaban presentes y pudieron detenerlo antes de que pasara a mayores. Fue en ese momento en el que decidieron acudir con un psiquiatra.

::::::::::

Durante cada consulta médica es necesario recabar la mayor cantidad de información acerca de los pacientes, interrogándolos de manera directa y en varias ocasiones. Asimismo, es importante entrevistar a los familiares más cercanos o a personas allegadas, (Barrantes-Monge, 2007) pues no siempre son los familiares quienes aportan la mejor información acerca de la patología o el comportamiento del paciente, por lo que es necesario interrogar a otras personas que convivan con él o que tengan la posibilidad de observarlo de cerca, tales como cuidadores primarios o secundarios, familiares lejanos, vecinos o conocidos.

Todos los médicos, principalmente los psiquiatras, geriatras, internistas, neurólogos e incluso los psicólogos, debemos realizar la historia clínica detallada del paciente, buscando cada uno de los síntomas neuropsiquiátricos que pueda presentar, así como las manifestaciones clínicas de los padecimientos que para nosotros se convierten en la herramienta diagnóstica más fina.

Los estudios de gabinete o análisis sanguíneos deben ser instrumentos utilizados únicamente para confirmar nuestra sospecha clínica, mas no como una herramienta de diagnóstico. Desgraciadamente, para algunos médicos contemporáneos pareciera que la clínica es lo último que se debe utilizar y no al revés.

Durante la formación en psiquiatría, una de las formas de identificar la presencia de los síntomas en el paciente es realizando la línea de vida, que no es más que un esquema en el que se describen los momentos más importantes dentro de la biografía de cada persona. En la práctica médica esto nos ayudará a identificar el momento en el que inició la patología y la historia natural de la enfermedad[4].

Al realizarla identificaremos el momento aproximado en el que se presentaron los cambios neurodegenerativos[5] que pueden traducirse en alteraciones de comportamiento o de funciones mentales.

Aunado a ello, como comentan San Joaquín (2007), debemos identificar los efectos del envejecimiento fisiológico, la elevada incidencia de pluriplatología, la tendencia de la enfermedad a producir incapacidad funcional -o incluso a debutar como tal- y la forma de presentación atípica como uno de los grandes síndromes y psicosíndromes geriátricos.

Si bien es cierto que cada patología transcurre de determinada manera y con características específicas, en ocasiones esto pareciera no cobrar importancia para algunos prestadores de servicios debido a la amplitud de la medicina, pues es más fácil proporcionar un diagnóstico aproximado a dar el más certero debido a la limitación en el tiempo de estudio o por las barreras existentes para obtener los recursos necesarios para que se realicen estudios complementarios que permitan afinar el dictamen o para dar seguimiento a cada caso, limitándose con ello la posibilidad de dar un juicio atinado y, por consecuencia, un tratamiento más específico.

---

[4] El término historia natural se refiere a las fases de la enfermedad, es decir, a la evolución que sigue ante la falta de intervención. Se divide en: fase pre-sintomática, que va desde el comienzo de los cambios patológicos a la aparición de los primeros signos o síntomas; y fase de enfermedad clínicamente manifiesta, durante la cual pueden producirse remisiones y exacerbaciones, resoluciones espontáneas o evolución hacia la muerte. La detección y el tratamiento en cualquier fase puede alterar la historia natural de la enfermedad, pero los efectos del tratamiento solo pueden establecerse conociéndola cuando no ha sido tratada.

[5] Cambios ocurridos a nivel neuronal que producen daño y, por consecuencia, alteraciones en su funcionamiento. Esta degeneración, regularmente progresiva y debilitante, provoca alteración en las funciones mentales, el comportamiento y el movimiento. Esto se ha explicado a través de diversas teorías del envejecimiento que comprenden cambios a nivel fisiológico, estructural o funcional. Dichos cambios son influenciados por factores genéticos, ambientales, de alimentación, entre otros. Bonita R., Beaglehole R., Kjellström T. Basic Epidemiology. Second edition. World Health Organization, 2006. Pp. 137-138.

Al hacer la línea de vida es imprescindible identificar los momentos importantes que pudieron alterar la psique, es por eso que, de la misma manera que en medicina general, debemos investigar al paciente desde el inicio de su existencia, es decir, desde el momento de su concepción e incluso, abordar aspectos que anteceden a este momento.

En el paciente anciano y, principalmente en aquel que cursa con algún tipo de deterioro neurocognitivo, la información se verá limitada a lo que nos puedan aportar los familiares, es por ello que el clínico deberá saber qué preguntar para abordar la mayor cantidad de temas relacionados con la patología y dejar el menor espacio a dudas.

El deterioro neurocognitivo es la manifestación del declive a nivel de uno o varios dominios cognitivos que, debido a su gravedad, pueden ser leves o mayores según el DSM 5 (2013). Entre los dominios cognitivos que pueden verse mermados y son los que constituyen la base para diagnosticar los trastornos neurocognitivos encontramos: atención compleja (continua, dividida, selectiva, velocidad de procesamiento), función ejecutiva (planificación, toma de decisiones, memoria de trabajo, respuesta a la retroinformación o corrección de errores, inhibición / hábitos predominantes, flexibilidad mental), aprendizaje y memoria (inmediata, reciente, a muy largo plazo, aprendizaje implícito), lenguaje (expresivo y receptivo), habilidades perceptuales motoras (percepción visual, habilidades visuoconstructivas, perceptuales motoras, praxis y gnosis) o reconocimiento social (reconocimiento de emociones, teoría de la mente). (Cefalu, 2011)

En el caso del señor Daniel no fue posible recabar información acerca de los hitos de desarrollo[6]. Solo se sabía que a los ocho años había

[6] Comportamientos o destrezas físicas observadas en lactantes y niños a medida que crecen y se desarrollan. El concepto de desarrollo infantil puede observarse desde varios aspectos. Para el pediatra se dispone de la definición clásica de Marcondes y Col. que dice que el desarrollo es el aumento de la capacidad del individuo para la ejecución de funciones cada vez más complejas. El neuropediatra, en cambio, pensará en la maduración del sistema nervioso central; el psicólogo pensará en los aspectos cognitivos, en la inteligencia, la adaptación y la interrelación con el medio ambiente; el psicoanalista dará mayor énfasis a las relaciones con los otros y a la constitución del psiquismo. Sin embargo, la investigación acerca del desempeño global del niño nos ayudará a saber si tuvo o no la oportunidad de alcanzar la madurez necesaria en cada etapa de su crecimiento. Figueiras, Amira Consuelo Manual para la vigilancia del desarrollo infantil en el contexto de AIEPI. Washington, D.C: OPS, 2007

sufrido una caída que le había provocado hipoacusia unilateral derecha tras golpearse la cabeza. Ni en su adolescencia ni en su vida adulta tuvo problemas de importancia referentes a la salud mental.

Investigar acerca de la salud mental previa nos puede aportar información importante para determinar el tipo de personalidad o la presencia de situaciones que, por sus características, vulneren al cerebro, como por ejemplo: enfermedades crónico degenerativas, lesiones cerebrales, traumatismos craneoencefálicos, enfermedades infecciosas, epilepsia, consumo de alcohol o sustancias psicoactivas e incluso la presencia de trastornos psiquiátricos previos ya sea depresivos, ansiosos o psicóticos, entre otros.

Al recabar la información del señor Daniel, una de las hijas comentó que siempre fue una persona responsable, trabajadora y a la que le gustaba levantarse temprano. Lo describió como una persona muy estructurada y que, a pesar de ser enérgico, nunca había golpeado a su esposa o a sus hijos. No era muy afectuoso, pero siempre muy respetuoso. A menudo se mostraba ansioso o preocupado por situaciones cotidianas tanto de la casa como del trabajo, pero nada que le quitara el sueño. Cuando se notaba más intranquilo solía fumar un cigarrillo, pero se trataba de una faena poco frecuente en su vida.

Según los comentarios de otra de sus hijas, en una ocasión notaron que coqueteaba con mujeres, algo extraño en él ya que nunca lo habían visto ser imprudente ni acercarse con fines amorosos a alguien que no fuera su esposa.

Una de las situaciones estresantes que se detectaron durante la entrevista fue que tenía antecedentes de haber sufrido asaltos o robos aparentemente a mano armada; sin embargo, los hechos no provocaron consecuencias graves, pues no cambiaron su estilo de vida.

Cuando sus padres murieron sufrió los duelos propios de cada situación sin mostrar alteración mayor, y lo mismo ocurrió tras el fallecimiento de su esposa. En dichas ocasiones aceptó las pérdidas como un ciclo más de la vida; incluso acostumbraba a asistir a los velorios y a los entierros de familiares y amigos, por lo que, aparentemente, hasta ese momento no tenía antecedentes de haber cursado padecimientos psiquiátricos previos.

Al investigar el historial psiquiátrico o neuropsiquiátrico no podemos dejar de lado los antecedentes médicos, pues gran cantidad de trastornos -como la depresión o la ansiedad- son secundarios a un sinfín de padecimientos médicos como: problemas respiratorios, cardiovasculares, gastrointestinales, genitourinarios, del sistema nervioso o músculo esquelético, etcétera. Incluso muchos de los síntomas pueden confundirse con otras enfermedades, lo que dificulta el diagnóstico ya sea porque son infravalorados o no sospechados.

En el caso específico del señor Daniel, el antecedente de cursar con hipertensión arterial esencial con aproximadamente 30 años de evolución lo hacía propenso a tener problemas vasculares que desembocaran en diminutas lesiones cerebrales que podían ser corroboradas mediante estudios de neuroimagen. Esta situación representaba un factor de riesgo; no obstante, la sintomatología presentada no sugería consecuencia de este tipo, al menos no de primera instancia.

Independiente a ello, no presentaba ninguna patología importante ni problemas con el consumo de alcohol o sustancias psicoactivas. Según sus antecedentes familiares no tenía riesgo de padecer algún problema hereditario.

Durante la valoración del anciano es importante identificar la situación familiar, la interacción entre cada miembro y el rol que cada uno desempeña, la situación económica y social en la que se ve inmiscuido, el nivel educativo, la posibilidad que tiene para acceder a los servicios de salud y el conocimiento que tenga de la enfermedad; esto nos ayudará a ver qué posibilidad existe de proporcionarle el manejo más adecuado para su padecimiento.

En caso de que el paciente no cuente con mucho apoyo, siempre es necesario buscar las mejores opciones poniendo en una balanza el riesgo-beneficio.

Afortunadamente para el señor Daniel la situación familiar era buena y, aunque la familia tardó un tiempo en aceptar que existía un problema con sus funciones mentales, tanto sus hijas como sus nietos lograron identificar el problema y atenderlo a pesar de su desconocimiento. Entre todos se encargaron de su higiene personal, su alimentación, salud física, vacunas y necesidades básicas en general.

Económicamente no tenía problema alguno, pues al haber laborado durante más de 25 años en la cervecera, tuvo la posibilidad de adquirir inmuebles y rentarlos. Además gozaba de una buena pensión.

Evaluación del estado mental.

Actualmente sabemos que todas las personas que acuden a valoración con algún médico u otro prestador de servicios de salud necesitan atención integral tanto corporal como mental, pues muchas situaciones son estresantes e influyen en la preservación o pérdida del bienestar.

En la consulta médica de rutina no solo es importante realizar revisión física o exploración neurológica, también es importante hacer un buen examen mental[7] ya que al hacerlo podemos identificar síntomas psiquiátricos o psicológicos que puedan ser la traducción de anomalías neurológicas como en el caso de los trastornos neurocognitivos. Desafortunadamente no todos los médicos (incluidos los psicólogos) hacen énfasis en identificar de manera adecuada las posibles anomalías a nivel de las funciones mentales superiores.

Contrario a lo que muchos creen, la psiquiatría no es una rama de la medicina que únicamente se encargue de interpretar los actos o pensamientos de las personas. Es una disciplina que tiene mucho que ver con otras ramas como neurología, endocrinología, ginecología, inmunología, entre otras. Además, junto con la neuropsicología y las neurociencias, ayuda a identificar los problemas del paciente para interpretar el mundo. En la actualidad, el vínculo que la psiquiatría tiene con otras áreas de la medicina es muy estrecho, esto genera que el abordaje al paciente con características psiquiátricas sea visto desde el punto de vista biológico y no solo psicológico/psiquiátrico como

[7] Al evaluar el estado mental nos enfocamos en las funciones mentales superiores que hacen referencias a la manifestación de la compleja actividad cerebral. Aunque han sido profundamente estudiadas por parte de la neuropsicología, en la actualidad su revisión es necesaria en el ejercicio de la psiquiatría y la neurología. Durante su evaluación deben valorarse siete grandes categorías: nivel de conciencia, reacciones emocionales, capacidad intelectual, contenido del pensamiento, patrones psicomotores, patrones psicosensoriales y lenguaje. Meza-Dávalos E.G., Soriano-Pérez A.M, Solís-Salgado O., García S., Zárate-Méndez A., Funciones mentales, la actividad mas evolucionada del cerebro humano. Revista de Especialidades Médico-Quirúrgicas, vol. 8, núm. 3, septiembre-diciembre, 2003, pp. 5-8

ocurría anteriormente.

Cuando hacemos un examen mental debemos observar al paciente y su interacción con todo lo que lo rodea. Incluso al momento en el que solicita la consulta -sea de manera personal o telefónica- podemos identificar si se muestra intranquilo, ansioso, si tiene dificultad para expresar lo que desea o si aporta poca o mucha información que pueda ser de importancia a futuro.

En cuanto el paciente ingresa al consultorio es necesario verificar si acude solo o acompañado, su edad (aunque sea aparente), su complexión, grupo étnico, motricidad o si requiere de aparatos auxiliares para la locomoción, audición o vista. También es necesario evaluar su vestimenta e incluso preguntar si es quien elije su ropa y se la coloca o si precisa de ayuda. A la par se debe evaluar la higiene y el aliño. Debemos saber si esto ha cambiado últimamente o si en algún momento comenzó a ser distinto, pues identificar cambios en estas situaciones puede darnos luces acerca de alteraciones en el automonitoreo.

Daniel llegó caminando solo y sin ayuda de aparatos de locomoción. Estaba acompañado de familiares, mismos que habían solicitado la valoración. Solo utilizaba un aparato para audición. No traía gafas para leer; no las necesitaba. Vestía ropa limpia y adecuada para su edad que había sido escogida por sus familiares, pues precisaba de ayuda para vestirse adecuadamente.

Identificar el estado de conciencia nos ayudará a saber si se encuentra totalmente despierto y alerta o si está o no al tanto de lo que pasa a su alrededor, pues muchas veces tanto los padecimientos como el uso de fármacos o de sustancias pueden nublar este estado y dar pie a que se presente somnoliento, estuporoso o, en el peor de los casos, que se muestre en estado de coma.

Aunque en muchas ocasiones se llega a obviar, es necesario identificar si el paciente se encuentra orientado en persona, si sabe quién es o si dice ser alguien más, si identifica a sus familiares y los reconoce como tales. También debemos preguntarle si sabe la hora, día, mes y año. Además se le debe preguntar acerca del lugar en el que se encuentra, ya sea en su casa, en un consultorio, hospital y si conoce el motivo o la razón por la que acude a consulta, es decir, la circunstancia. Cuando el paciente no identifica o monitoriza adecuadamente su medio externo, puede comenzar a presentar alteraciones que son la manifestación de la progresión de una alteración orgánica cerebral.

Daniel se mostraba despierto, alerta y orientado solo en su persona; sabía bien quién era y recordaba parte de su historia de vida. Sin embargo, se mostraba desorientado con respecto al lugar en el que se encontraba durante la consulta, no sabía cuál era la fecha, mes o año. Tampoco conocía la circunstancia que lo había llevado a la valoración.

Evaluar la actitud e identificar la forma en la que el paciente se presenta y se conduce tanto con las personas que lo rodean como con el médico que lo evalúa nos podrá mostrar su personalidad o cambios en el comportamiento. Por ejemplo, si una persona cursa con ideas delirantes de que alguien o algo puede hacerle daño, o ideas de que todo lo que pasa alrededor tiene que ver con él y que esto lo puede afectar de manera directa, se mostrará retraída, poco cooperadora, desconfiada y suspicaz, pero si va por su propia voluntad porque se siente ansiosa, puede tener actitud abierta y cooperadora, ya que está ávida de que su problema sea resuelto o, por el contrario, mostrará vergüenza de contar los pensamientos o las situaciones que le incomodan.

Si el paciente acude en fase de manía su actitud será expansiva, seductora, platicadora, emotiva, irritable, etcétera. Por otro lado, si tiene demencia en fase avanzada, puede abarcar múltiples estados emocionales difíciles de controlar por si mismo, dado que le será complicado entender la situación. Al observar la actitud debemos identificar si el paciente mantiene contacto visual con el entrevistador o si su posición es libre o forzada por dolor, rigidez, temblor, entre otras.

El señor Daniel, por ejemplo, mantenía una actitud cooperadora y educada. Se mostró abierto a tomar la consulta y a que le realizara las preguntas necesarias, aunque la mayoría de las veces parecía no entender (o no entendía) lo que se le preguntaba. Sin embargo, según lo comentaron sus familiares, en casa eso no era así todo el tiempo, y menos cuando se encontraba ante la presencia de su hija y el chofer. Las ideas delirantes que presentaba hacían que su actitud cambiara y se tornara irritable y agresivo.

Mientras mantenemos la conversación con el paciente debemos

investigar si muestra o no alteraciones en el habla o el lenguaje[8], si se dirige de manera rápida o lenta, con tono elevado o disminuido, volumen alto o bajo. Además, debemos identificar las inflexiones presentes cuando expresa sus ideas y valorar la calidad del discurso, si es fluido o si se detiene y fracciona, si utiliza adecuadamente las palabras de acuerdo con el nivel educativo, si es claro o difícil entenderle.

Al evaluar el lenguaje debemos identificar si es coherente y congruente. En muchas ocasiones el discurso puede seguir una línea de pensamiento en la que las ideas son expresadas con claridad o pueden ser circunstanciales, en la que se dan gran cantidad de detalles, pero no se llega a una meta con claridad. En algunos casos se presentan formas de hablar en las que la claridad de las ideas no se muestra.

El pensamiento es la capacidad que tenemos para expresar o representar nuestras ideas. Es importante evaluarlo mediante la calidad del habla y del comportamiento para identificar si va acorde al mundo real (juicio de realidad); ello nos permite identificar si el paciente puede percibir normas, modales, juicios y reglas.

Asimismo, es a través de la evaluación del pensamiento cuando podemos detectar la presencia de opiniones concretas o abstractas, sobrevaloradas, delirantes, pensamiento mágico, si la persona cuenta con la capacidad de raciocinio e incluso si expresa opiniones que pongan en peligro su integridad o la de alguien más, como ideas suicidas u homicidas.

En ocasiones, al implementar la entrevista, podemos identificar si el paciente carece de la capacidad para entender, analizar y resolver

[8] Las alteraciones lingüísticas consisten en la pérdida o disminución de las capacidades para producir o entender el lenguaje. Pueden presentarse como afasias, mismas que se dividen en: afasia de Broca, de Wernicke y global. Además pueden encontrarse otro tipo de afasias como: de conducción, talámica, transcortical motora, sensorial o mixta y anómica. Otra alteración es la agrafia, es decir, la incapacidad para expresar pensamientos e ideas por escrito. De esta existen diversas variantes como: lexical, fonológica, profunda, global, de buffer grafémico, de buffer alográfico, de patrón de movimientos manuales para la escritura y mixta. Entre otras alteraciones se encuentran las dislexias, alexias, mutismo, ecolalia, ecofrasia, dislalia, bradilalia, palilalia, paralexia, anomia, estereotipia, musitación, neologismos, grafología, pragmatismo, parafasia, coprolalia, etcétera. Carles Ysaac da Silva Rodríguez. Envejecimiento: evaluación e intervención psicológica, Manual Moderno, 2017.

problemas. Cuando la persona evaluada presenta dificultad para pensar con claridad, debemos preguntar a los familiares si en algún momento pudo hacerlo, pues existen casos en los que los procesos psiquiátricos se vuelven crónicos como, por ejemplo, en la demencia (perturbación en la que se muestra dificultad para pensar claramente) o en los trastornos depresivos o ansiosos -aunque no al mismo nivel- o en los psicóticos, donde el pensamiento es claramente desorganizado o anormal y, como consecuencia, el comportamiento.

Todo lo que vivimos sin duda alguna genera emociones, y esas se proyectan hacia el exterior. De manera normal, el paciente puede expresar verbalmente la emoción que experimenta, es decir, puede expresar su ánimo. Cuando lo expresa a través de gestos y movimientos corporales muestra el efecto que le causa. Así mismo, cuando expresamos emociones, también podemos identificar lo que los demás notan de nosotros mismos. Sin embargo, existen personas que han perdido la posibilidad de saber que emoción están experimentando. A la dificultad del paciente para identificar las propias emociones -ya sea por un trastorno psiquiátrico o por una lesión cerebral- se le denomina alexitimia.

En el caso de Daniel, el señor refirió encontrarse tranquilo y feliz; sin embargo, su rostro y actitud mostraban intranquilidad y nerviosismo, lo que puede referir a la posible presencia de alexitimia.

Otra de las condiciones de vital importancia a examinar es la sensopercepción ya que evaluar cada uno de los sentidos nos ayudará a determinar la calidad de su funcionamiento. Las alteraciones en la sensopercepción deben ser evaluadas por un profesional debido a que no es lo mismo estar psicótico a escuchar voces o ver cosas. Este tipo de situaciones pueden llegar a representar un engaño, es por eso que el experto debe ser quien evalúe a detalle.

Dentro de los padecimientos médicos existen muchas situaciones que pueden provocar alucinaciones, es por ello que es de suma importancia evaluar si son circunstancias de origen psiquiátrico u orgánico como tumoraciones, lesiones vasculares, alteraciones metabólicas, epilepsia, entre otras.

Otro de los puntos a evaluar detalladamente tanto en la entrevista como con escalas estructuradas son las funciones mentales superiores. No poner especial atención al lenguaje y al pensamiento del paciente puede limitar la posibilidad de identificar síntomas sutiles de cambios a nivel funcional. La memoria, la atención y la concentración, aunque son funciones que van de la mano, deben ser identificadas minuciosamente y evaluadas a través de los actos de las personas.

La pérdida de la memoria muchas veces no es identificada por el paciente, pero sí por los familiares a través de los errores que comete y, si bien muchas veces son pasados por alto o minimizados, dichos traspiés nos obligan a saber traducir en síntomas clínicos todas las manifestaciones de los cambios presentados por el cerebro, algunas veces expresados en apraxias, afasias, agnosias, alexias, entre otras. Cuando esas situaciones son identificadas desde el principio es más fácil dar un tratamiento neuropsicológico de rehabilitación a fin de evitar un deterioro mayor. Por otro lado, minimizar la presencia de estos cambios solo provocará una evolución silente o abrupta dependiendo sea el caso.

La capacidad de abstracción y síntesis, el cálculo y las funciones visuoespaciales y ejecutivas deberán ser detectadas para ser valoradas con presteza por personal experto en neuropsicología.

Con todo lo evaluado anteriormente podrá determinarse el juicio con el que los pacientes se conducen para la ejecución de acciones. Algunos son conscientes del padecimiento que sufren, otros no. La dificultad para reconocerse enfermo se llama anosognosia.

Signos vitales y exploración física.

La medición de los signos vitales del paciente nos ayudará a determinar si presenta variación en las constantes vitales. Los cambios en la medición de la frecuencia cardiaca o respiratoria, en la presión arterial o la temperatura pueden ser signo de anomalías cardiovasculares, respiratorias, gastrointestinales, hidroelectrolíticas o metabólicas como hipertiroidismo, lesiones neuronales, neoplasias, infecciones, entre otras.

En la exploración física y neurológica deberán tomarse en cuenta la mayor cantidad de datos clínicos y semiológicos, pues esto puede ser indicio de las alteraciones antes mencionadas. Un buen examen físico siempre debe tener una evaluación neurológica detallada que permita encontrar datos específicos que corroboren o excluyan nuestro diagnóstico.

Estudios complementarios.

Los resultados de laboratorio y gabinete deben ser tomados en cuenta para corroborar la sospecha clínica y para cuantificar los cambios patológicos o la mejoría mostrada tras la administración del tratamiento. En caso de ser necesario se deberán solicitar nuevos estudios enfocados en la patología que se sospecha. Cada paciente deberá estudiarse de acuerdo a la sintomatología presente.

Los estudios de imagen cerebral solicitados al anciano deberán ser justificados ante la sospecha de algún problema que modifique la arquitectura del cerebro como: problemas neurodegenerativos (demencia, Parkinson o VIH), lesiones ocupativas (tumores primarios o metastásicos), eventos vasculares cerebrales (multi-infarto, infartos lacunares, hematomas o vasculitis) o aumento en el volumen de líquido cefalorraquídeo (hidrocefalia normotensa).

Las radiografías nos ayudarán a identificar fracturas en caso de caídas o golpes. Además, nos permitirán encontrar datos característicos de patologías como problemas cardiovasculares, respiratorios, digestivos, entre otras, que pueda generar molestias que se traduzcan en cambios en comportamiento o agitación.

Los estudios de neuropsicología deberán ser solicitados ante la sospecha de alteraciones a nivel de las funciones mentales. Por tanto, es necesario que el personal médico se mantenga en contacto con el psicólogo a fin de saber cuáles son los estudios neuropsicológicos que pueden ser realizados para evaluar los cambios a nivel cognitivo.

No se debe abusar de la solicitud de estudios complementarios ya que, en ocasiones, la familia no cuenta con los recursos económicos necesarios para la realización de los mismos. Por otro lado, no solicitarlos en el momento oportuno puede ocasionar que el tratamiento y pronóstico dados al paciente y sus familiares no sean los adecuados.

Todos los estudios complementarios que se soliciten deberán ser justificados por el cuadro clínico y el personal que los requiera deberá tener pleno conocimiento de los posibles hallazgos que se originen de ellos, de lo contrario se pueden cometer errores que perjudiquen al paciente.

Tratamiento.

Al evaluar los medicamentos utilizados debemos identificar los tratamientos exitosos y los fallidos a fin de evitar repetir los inadecuados o dañinos.

Una amplia evaluación desde la primera consulta ayudará a economizar tiempo y recursos. Además, se deberá establecer una adecuada línea de seguimiento con los especialistas específicos, mismos que tendrán que coordinarse para otorgar la mejor atención al paciente.

Para el señor Daniel era importante apegarse al procedimiento para mejorar la hipertensión arterial esencial y mantener trato cercano con el médico internista para obtener el mejor tratamiento posible y generar una red de apoyo médico tanto para él como para su familia.

La información otorgada a los pacientes y sus familias debe ser precisa y concisa, evitando confusiones al seguir las instrucciones. De ser necesario, es prudente escribir paso a paso -y de manera clara y secuencial- las medidas higiénicas, dietéticas y de apego al tratamiento para evitar equivocaciones.

El tratamiento deberá estar encaminado a buscar la mejoría de la capacidad funcional para permitir que el individuo pueda desempeñarse de la mejor manera posible, ejecutando las actividades que le sean importantes con la mayor independencia posible.

El abordaje terapéutico del adulto mayor, tiene que ser multidisciplinario y por parte de un equipo completo que se encargue de atender no solo sus alteraciones físicas o psicológicas, sino también, se debe atender a la familia, para orientar, escuchar, guiar, pero sobre todo psicoeducar.

Observaciones y recomendaciones al final de la consulta.

Si bien, en ocasiones, realizar una historia clínica completa puede llevar varias sesiones, recabar la mayor cantidad de información se vuelve primordial para dar un diagnóstico correcto. Es por eso que durante cada consulta debemos ir ahondando más en la sintomatología que pueda relacionarse con el padecimiento del paciente.

Es imperativo tomar en cuenta que en una valoración -sea corta o rápida- podemos perder la objetividad ante datos importantes. En una evaluación extensa el anciano puede intranquilizarse o cansarse, lo que puede generar que responda de manera inadecuada.

En cada una de las consultas, además de proporcionar instrucciones claras sobre el seguimiento que se debe dar al tratamiento y al estado de salud del paciente y los familiares, es deber del médico tratante enfatizar en la promoción de la salud. En caso necesario es importante referir al paciente a los servicios que refuercen su cuidado.

Mejorar la atención al adulto mayor mediante la promoción de hábitos activos y saludables es necesario para que, en su momento, pueda contar con los recursos que requiera para satisfacer sus necesidades básicas sin que su autonomía se vea limitada o mermada. Asimismo, se debe pensar en las adaptaciones adecuadas al estilo de vida, a los soportes familiares y sociales con los que se cuentan y realizar las adaptaciones físicas pertinentes a las viviendas a fin de evitar situaciones que puedan poner en riesgo su salud física.

Los cambios biológicos y psicológicos propios del envejecimiento, los económicos, la jubilación, el estado civil, la soledad, situaciones de crisis, pérdidas, duelos, cambios en la adaptación, las actividades físicas, la fragilidad, la dependencia, entre otras situaciones, provocan vulnerabilidad que repercute de manera importante en la salud mental del anciano, haciéndolo propenso a padecer depresión, ansiedad, delírium, demencia u otras afectaciones psiquiátricas. Esto lo predispone a ingresar en un círculo vicioso en el que podría ejercer o sufrir maltrato físico, psicológico, sexual, emocional o económico.

Los cambios en su capacidad de adaptación ocasionarán vulnerabilidad acompañada de posibles modificaciones sensoriales que podrían conllevar el uso de aparatos auxiliares. Mientras que las alteraciones en la nutrición y dificultades en el procesamiento de los nutrientes lo harán propenso a déficits vitamínicos que se traducirán en trastornos metabólicos e incluso cognitivos.

Lo anterior -junto con la iatrogenia y la polifarmacia- pueden provocar trastornos psiquiátricos, síndromes geriátricos y otras afectaciones que impacten de manera especial en la vida del paciente. Es por ello, que la promoción a la salud debe estar encaminada al bien vivir tanto físico como mental, para optimizar los recursos de salud y cognitivos con los que cuente el anciano.

Ver de cerca el proceso del envejecimiento sin entenderlo nos lleva a enjuiciar de manera inadecuada las conductas y los pensamientos del anciano. Si bien es cierto que el transcurso de la senectud afecta las funciones sensoriales, motoras y cognitivas, la dificultad que tengamos para identificarlas, aceptarlas o tratarlas hará que los diagnósticos sean oportunos o no.

Tanto médicos como familiares, en nuestro desconocimiento del envejecimiento, le hemos dado mucha importancia a nuestra ignorancia catalogando situaciones que no pertenecen a los cambios propios del proceso de senectud como parte del mismo.

La importancia de la valoración de la salud mental del anciano debe ir encaminada a mejorar su calidad de vida. Por tanto, al identificar las necesidades de salud física y mental de los pacientes, no solo debemos tener en cuenta las enfermedades concretas que presenta, sino la manera en que influyen en su interacción con todo lo que les rodea. Además, debemos observar la repercusión que tienen en su funcionamiento global.

CAPÍTULO 2

SALUD MENTAL Y SUS ESTIGMAS

Durante mi práctica como médico, en más de una ocasión he escuchado a los pacientes o a sus familiares comentar cosas como: «Me dijeron que acudiera al psiquiatra, pero obviamente no voy a ir, ¡ni que estuviera loco!». Desafortunadamente el concepto que se tiene acerca de la psiquiatría es erróneo ya sea por una mala experiencia con algún psiquiatra o psicólogo, porque en algún momento la persona conoció a alguien con algún padecimiento crónico que necesitaba atención psiquiátrica continua y presentaba deterioro avanzado o porque se escucha a otros expresarse mal acerca del concepto de locura.

La salud mental ha sido mal entendida desde su origen y, por tanto, ha sido estigmatizada durante siglos. Esto se debe a la poca comprensión acerca de los padecimientos que engloba y por las falsas interpretaciones que se han realizado acerca del comportamiento de las personas que han sido señaladas como locas.

Si bien es cierto que las personas que cursan con padecimientos psiquiátricos han sido mal vistas y juzgadas por mucho tiempo, de ellos solo se había observado una parte del padecimiento (el comportamiento y el pensamiento), pero en la actualidad el estudio de las enfermedades psiquiátricas nos ha llevado a buscar causas médicas de origen no neurológico que, por su evolución, generan cambios a nivel neuronal.

Aunque se haya pensado que el origen del mal mental era debido a posesión demoniaca, espiritual, de deidades, etcétera, actualmente se sabe que existen múltiples causas de origen orgánico que se traducen en estos síntomas.

En mi experiencia como médico -y como cualquier persona- he tenido la oportunidad de acudir a reuniones sociales en las que me encuentro con gente ajena a la medicina y que al escuchar mi profesión como médico psiquiatra lo primero que expresan es: «¡No me psicoanalices!». Esta idea la he escuchado de boca de personas de diversas profesiones, oficios e incluso de colegas médicos.

En algunas ocasiones, tras escuchar este tipo de expresiones, me he dado a la tarea de explicarles que la psiquiatría, aunque tiene relación con la psicología y con el análisis del comportamiento, también se relaciona con otras ramas de la medicina como la neurología, endocrinología e inmunología, que tienen mucho que ver con los cambios de ánimo y, por consecuencia, con el comportamiento. Muchas veces, posterior a mi explicación, algunas personas se quedan con una visión distinta de la psiquiatría, mientras que otras no. Este desconocimiento de la labor del psiquiatra no es propio de profesiones diferentes a la medicina.

Recuerdo una ocasión, antes de comenzar mi residencia en psiquiatría, en la que durante una plática con un radiólogo comenté que había aprobado el examen nacional de residencias médicas y que estaba a unos meses de iniciar mi capacitación. Él, entusiasmado, me preguntó la especialidad que realizaría, a lo que respondí que psiquiatría.

Mi sorpresa fue enorme ante su respuesta: «Pensé que te gustaba la medicina. Tienes mejores aptitudes. ¡Lástima que habiendo tantas especialidades tan bonitas tuviste que escoger la que menos tiene que ver con medicina!» -me dijo-. Ante ello pensé: ¿Cómo es que un médico puede expresarse así de una rama de la medicina? Al principio no lo entendí, pero posteriormente me di cuenta de que muchas personas compartían el mismo pensamiento, y es eso lo que en ocasiones genera que el diagnóstico del paciente se retrase, lo que conlleva la progresión del padecimiento con consecuencias que pueden ser irreversibles.

Aunque muchos crean que la psiquiatría no tiene nada que ver con la medicina, mientras más avanza el estudio de las neurociencias[9], más confirmamos la relación entre la psiquiatría con otras ramas y de manera tan estrecha que es difícil negar el vínculo entre los cambios fisiológicos y las alteraciones en el comportamiento de las personas.

Actualmente sabemos que las alteraciones hormonales influyen en gran medida en la presencia de cambios en el estado de ánimo. Lo vemos en la adolescencia, en la menopausia e incluso en la senectud con las alteraciones a nivel de hormonas sexuales, tiroideas, de crecimiento o de sueño que repercuten en el comportamiento, en el pensamiento y en el desempeño de nuestras actividades cotidianas.

Sabemos que los cambios a nivel de conducción nerviosa del cerebro pueden generar síntomas psiquiátricos; lo podemos constatar en la psicosis que se presenta después de una crisis epiléptica. Además, los problemas neurodegenerativos muestran gran cantidad de síntomas neuropsiquiátricos que muchas veces somos incapaces de observar.

Sin embargo, el desconocimiento que tenemos acerca de las diferentes ramas de la medicina, y de la relación entre ellas, nos conduce a un terreno de ignorancia que nos lleva a interpretar las situaciones más que a investigar el origen de las mismas. Al hacerlo damos paso a la subjetividad que, la gran mayoría de las veces nos hace perder el diagnóstico o ni siquiera sospecharlo.

No es poco común que gran cantidad de pacientes y sus familiares desfilen ante médicos de diferentes especialidades, así como con psicólogos o sacerdotes, o que incluso recurran a la realización de limpias y a la brujería a fin de terminar con los padecimientos que les hacen sufrir tanto. Esto se produce debido a la ignorancia que existe acerca de la presencia de padecimientos psiquiátricos, y también a la estigmatización de los mismos.

---

[9] La neurociencia es una disciplina científica que engloba diversas áreas que se centran en temas específicos. Algunas de ellas son la neurociencia del desarrollo, que describe cómo crece y cambia el cerebro; la cognitiva, que implica el estudio de la creación del cerebro y el control de los pensamientos, el lenguaje, la resolución de problemas y la memoria; la molecular y celular, que explora los genes, las proteínas y otras moléculas involucradas en el funcionamiento de las neuronas; la conductual, que examina las áreas del cerebro y los procesos subyacentes en la conducta de los animales y los seres humanos; la clínica, en la cual los neurólogos o psiquiatras usan los hallazgos de las investigaciones en neurociencia básica para encontrar la manera de tratar y prevenir los trastornos neurológicos y rehabilitar a los pacientes con sistemas nerviosos dañados o lesionados. www1.nichd.nih.gov/espanol/salud/temas/neuro/informacion/Pages/areas.aspx

En mi experiencia como médico he tenido la oportunidad de escuchar que, tanto personas ajenas a la medicina como profesionales de la salud, piensan que padecimientos como la depresión, la ansiedad o problemas relacionados con el uso de sustancia psicoactivas, entre otros, se quitan ´echándole ganas´. Dicha expresión es usada ante distintas situaciones, pero ¿a qué se refieren las personas cuando la utilizan?

En una ocasión, una señora que había sufrido la muerte de su esposo llegó a consulta y refirió estar muy molesta con su médico familiar debido a que cuando expresó su tristeza por la pérdida, su dificultad para dormir y la presencia de ataques de pánico, le respondió que estaba bien, que no tenía nada, que hiciera ejercicio y que le echara ganas a la vida. Al instante la mujer sintió que su cuerpo se llenaba de calor desde la cabeza hasta los pies y, acto seguido, se levantó y salió molesta del consultorio.

La señora ya había escuchado esa expresión por parte de sus hermanos, de sus hijos e incluso de algunas de sus comadres. Ninguna persona le había dado la importancia necesaria a la sintomatología con la que estaba viviendo, ninguna había entendido el sufrimiento por el que estaba pasando. «Échale ganas», me comentó. «Eso me lo puede decir hasta el barrendero», concluyó.

Cada persona entiende la expresión ´échale ganas´ de forma diferente. En este caso la señora la entendió como la minimización de sus acciones ante el sufrimiento de pérdida, como si los demás no pensaran que ella se estaba esforzando lo suficiente por sentirse mejor y superar su dolor. No obstante, el duelo por el que pasaba -lejos de ir disminuyendo- se había exacerbado al grado de generarle gran variedad de síntomas físicos.

Contrario a lo que muchos pensaban, ella estaba echándole ganas para salir de su padecimiento mediante la búsqueda de ayuda profesional adecuada, misma que no había encontrado hasta ese momento.

Historias como esta son comunes en la práctica clínica y se producen debido a que el profesional de primer contacto no reconoce adecuadamente, no acepta como problema médico la sintomatología psiquiátrica o demerita los síntomas psicológicos. En muchas ocasiones se piensa que enviar al paciente con el psiquiatra no es la mejor opción debido a que «sólo envía psicofármacos que producen sedación y dificultad para pensar», lo que impide a las personas desempeñar sus actividades cotidianas de manera adecuada.

Pensar que un padecimiento psiquiátrico moderado o grave mejora ´echándole ganas´ es no darle valor a los cambios neurobiológicos. Actualmente existe gran cantidad de estudios de neuroimagen e imagen funcional que correlacionan los síntomas neuropsiquiátricos y daños a nivel de zonas específicas cerebrales, lo que se traduce en cambios en el desempeño de las pruebas neuropsicológicas[10]. En el anciano, dichos cambios pueden ser desde insidiosos hasta bien localizados, con presencia de manifestaciones neuropsiquiátricas claras.

Contrario a lo que muchos piensan, no es necesario cursar un padecimiento mental grave como esquizofrenia, trastorno bipolar, demencia y otra situación de dicha índole para acudir con un psiquiatra.

En la actualidad, el médico psiquiatra es un profesional que brinda apoyo a otras disciplinas no solo médicas, sino también sociales o de comunicación. Brinda acompañamiento a pacientes y familiares que sufren padecimientos psiquiátricos o que impactan de manera negativa en la vida de las personas como el cáncer, enfermedades crónicas degenerativas, padecimientos por dolor, entre otras.

El psiquiatra también tiene la función de psico-educar, es decir, enseñar a tener un adecuado estilo de vida para mantener la salud mental y evitar la presencia o evolución de padecimientos. Realiza la valoración de funciones cognitivas, identificando disfunciones en la capacidad intelectual, cambios presentes en el lenguaje, la memoria, la atención, la concentración, el cálculo, la abstracción... Además, es un profesional de mucha ayuda ante las exigencias presentadas por los cambios sociales y culturales del mundo actual.

El aumento del estrés laboral, la violencia social, el *bullying*, el *mobbing* en las diferentes esferas, el uso de sustancias psicoactivas, entre otras situaciones, hacen del psiquiatra un profesional esencial en

---

[10] La neuropsicología es una disciplina que trata la relación entre las estructuras y procesos fisiológicos y las funciones psicológicas haciendo uso extenso de pruebas diagnósticas para evaluarlas y describir las fortalezas y debilidades de los pacientes. Corr., P.J. Psicología biológica. Primera edición en español. McGraw-Hill, 2008. Pp. 249 y 260.

la valoración de riesgos.

Actualmente la población se enfrenta a situaciones estresantes que resultan en un sinfín de síntomas que van desde molestias musculo-esqueléticas como dolores, parestesias, tensión, rigidez, molestias cardiacas, digestivas o respiratorias y hasta neurológicas, que en ocasiones se confunden con problemas neurológicos graves.

Por otro lado, contrario a lo que algunos piensan, muchas veces al psiquiatra le corresponde investigar el origen de los síntomas presentados vistos desde una perspectiva metabólica, neurológica, infecciosa y cardiaca. Tras ello es que nos damos a la tarea de derivar a los pacientes que en algún momento nos envían, pensando en que el origen de su padecimiento es psiquiátrico de primera instancia, cuando no lo es.

El hecho de que otros profesionales sepan que por parte del psiquiatra no siempre será necesario indicar fármacos ante la presencia de ciertos síntomas, ayudará a reducir los estigmas que tanto dañan a esta profesión.

Muchas veces los síntomas pueden disminuir e incluso desaparecer tras terapias psicológicas específicas. Incluso existen corrientes terapéuticas como la cognitivo conductual que son de gran apoyo para evitar la indicación inicial de fármacos. Sin embargo, ante padecimientos que causan disfunción física, psicológica y social es importante valorar la prescripción farmacológica.

Si identificar y validar los síntomas psiquiátricos del paciente joven en muchas ocasiones se vuelve difícil, hacerlo en el anciano puede volverse una proeza debido a las enfermedades comórbidas que presenta. Sin embargo, esto no es tan difícil cuando se ve al paciente desde el punto de vista médico y neuropsiquiátrico y se deja de pensar que este simula sus síntomas o que actúa de cierta manera sólo para hacer sentir mal a sus familiares.

Desafortunadamente, observar los síntomas en el anciano no solo se dificulta a los ojos del médico, sino ante los de los familiares debido a los pensamientos negativos que se tienen acerca del proceso de senectud.

Alrededor del envejecimiento y la vejez existen conceptos negativos que hacen que muchas situaciones patológicas se califiquen como normales. Ante esto es común ver que los pacientes no llegan al médico desde el inicio de sus síntomas y que pueden pasar meses o años hasta que el especialista los vea por primera vez.

Recuerdo que cuando comencé a dar clases y capacitaciones mi primer grupo de alumnos estuvo conformado por médicos, psicólogos y enfermeras. Para entonces ya contaba con alta especialidad en psicogeriatría, por lo que decidí preguntarles acerca de las ideas que les surgían al pensar en un anciano y en la etapa de la vejez. Los médicos comenzaron a hablar sobre enfermedades, discapacidad y fragilidad. Los psicólogos hablaban de demencia y deterioro cognitivo. Las enfermeras se centraron en la experiencia.

Mi sorpresa fue que mientras los médicos tienen un concepto de que la vejez va de la mano de la enfermedad, los psicólogos argumentan que está acompañada de discapacidad mental. Por su parte, las enfermeras ven al anciano con respeto y admiración. Entonces me puse a pensar acerca del origen de nuestro concepto de envejecimiento.

Cada persona tiene una noción de la senectud acorde a la experiencia propia y a los juicios que se vaya formando con el paso de los años. Tiempo después de esa experiencia tuve la oportunidad de dar clases a médicos especializados en proporcionar atención al anciano. Mi sorpresa fue que, aunque la mayoría de ellos había cambiado sus conceptos personales acerca del proceso de envejecer al obtener más conocimiento acerca del envejecimiento, algunos conservaban pensamientos propios del viejismo y, más aún, de los estigmas hacia la salud mental. Fue entonces cuando me di a la tarea de mostrarles la cara neuropsiquiátrica del proceso de envejecer. Aunque la tarea no fue fácil, sí fue bastante satisfactoria.

Dos años más tarde comencé a dar clases de gerontología a psicólogos de licenciatura y con ellos el reto fue distinto. Me di a la tarea de preguntarles acerca de sus conceptos de vejez y del anciano.

Al principio la gran mayoría concebía al anciano como una persona que sólo espera el momento de morir, una persona necia, difícil de tratar, sin derecho a ejercer su sexualidad, con problemas de memoria... en fin, personas que no tienen la posibilidad de cambiar, entre otras ideas. Al final del curso volví a preguntar acerca de sus conceptos sobre la vejez y me sorprendí al notar que la mayoría de los estudiantes comenzaron a ver el proceso de envejecimiento no como una etapa difícil de tratar ni como algo perdido, sino como un área de oportunidad de conocimiento. Comenzaron a ver al anciano de una manera más positiva.

Ante la estigmatización de la salud mental y el anciano es indispensable comenzar a generar un cambio de conceptos desde las áreas más básicas hasta las más especializadas. A los trabajadores de la salud nos corresponde dar mayor importancia a cada persona, sea cual sea el motivo por el que acude a consulta. Además, es indispensable conocer los padecimientos que abarca la medicina psicogeriátrica para sospechar las fallas que se presentan, identificar los síntomas con mayor facilidad y darle un nombre médico a los padecimientos que presenta.

Por otro lado, es necesario tener en cuenta lo que Sickel y Cols. (2014) han investigado al respecto; esto es que los estigmas a la salud mental pueden experimentarse de manera diferente por las personas. Incluso la identificación social con la que se perciba a cada uno, por ejemplo, por condición de salud, edad, género, raza o etnia, pues afecta las expectativas individuales y sociales de los miembros del grupo ya que puede influir en la voluntad del individuo para buscar tratamiento. El estigma puede afectar negativamente a la autopercepción, lo que a su vez influye en el tratamiento y las variables de salud.

Asimismo, comenta que los estigmas a la salud mental tienen un impacto generalizado en el funcionamiento social, psicológico y físico de un individuo y que, por tanto, representan una barrera considerable para la salud y la productividad de nuestra sociedad.

Por ello, poder observar al anciano desde las perspectivas biológicas, psicológicas y sociales que lo rodean nos da la oportunidad de entender el envejecimiento desde distintos puntos de vista para así poder integrar de una mejor manera los síntomas clínicos que presenta y dar mayor peso a los signos específicos de cada trastorno neuropsiquiátrico y menor a los juicios erróneos que podemos llegar a formarnos.

CAPÍTULO 3

SENTIRSE VIEJO

Pensar que existe gente que envejece sin darse cuenta podría sonar extraño, pero es algo que ocurre todos los días a nuestro alrededor.

Por otro lado, también hay personas que aún no llegan a esa etapa y hacen todo lo posible para encontrar la fuente de la juventud que evite su paso por ese estado de la vida pues, aunque el envejecimiento es parte de la evolución natural, no todos lo vemos de la misma manera o lo vivimos igual. El viejismo, así como la vida, puede ser tan objetivo o subjetivo como uno lo quiera ver; todo depende del cristal con que lo miremos.

En una ocasión atendí a una mujer de más de 90 años cuyo único antecedente médico era que llevaba 10 años viviendo con hipertensión arterial de manera controlada y constantemente supervisada.

A lo largo de su vida la mujer había mantenido su personalidad estable, con actitud firme y fuerte ante cualquier circunstancia. Tuvo la fortuna de formar una hermosa familia y enseñó a sus hijos a no dejarse vencer ante ninguna adversidad.

Al parecer había logrado su cometido; sin embargo, un día uno de sus hijos comenzó a tener depresión, por lo que buscó los medios para apoyarlo y alentarlo a salir adelante. Su hijo acudió con varios especialistas hasta que, gracias al tratamiento, recobró la salud. Meses después una de las hijas padeció lo mismo, pero también mejoró. La mujer vivió los padecimientos de sus hijos con mucho sufrimiento, mas nunca dejó de alentarlos.

Casi al final del padecimiento de su hija, un día, como cada mañana, se levantó de la cama y se dirigió al baño para asearse tal como estaba acostumbrada a hacerlo, mientras tomaba el jabón entre sus manos se miró al espejo y se quedó observando su reflejo. Súbitamente todo su mundo cambió; se derrumbó al notar algo de lo que no se había hecho consciente sino hasta ese momento, notó su cabello cano, su mirada cansada y que la piel que le cubría la cara estaba llena de arrugas. «Soy una anciana», pensó.

A pesar de su edad y de todos los cambios físicos que había experimentado con el paso de los años, no se había percatado de que envejecía, por lo que esa mañana, al mirarse, se descubrió anciana. A pesar de sus más de 90 años, hasta ese momento la mujer no había sentido el paso del tiempo en su mente, aunque sí en su cuerpo cansado, pero eso no le había impedido hacer todo lo que se planteaba o mantener su actitud positiva ante la vida. Sabía su edad, pero jamás se había sentido tan vieja como esa mañana.

De un momento a otro sintió caer el peso de los años sobre ella. Notó la gran cantidad de arrugas que cubrían su cuerpo, observó con detenimiento sus canas, sus manos y pies comenzaron a pesarle como nunca y de una respiración a otra, la noción que tenía sobre sí misma cambió por completo.

El no haberse sentido anciana se debía en gran parte a la socialización que hasta ese momento mantenía. Salía sola a la calle, visitaba a sus amigos y familiares, asistía a cursos de superación como motivadora, mantenía relaciones sexuales con su pareja de manera periódica, no sentía miedo por nada y no presentaba signos de deterioro cognitivo. No obstante, al concientizarse sobre su físico y la etapa de vida que cursaba, su pensamiento se transformó y entró en un proceso psicológico muy difícil en el que tenía que aceptarse anciana y, como si su mundo hubiera dado un vuelco, desde ese momento comenzó a sentirse inútil, menospreciada, cansada y preocupada ante la muerte.

Con el paso de los días perdió el ánimo por realizar actividades que antes disfrutaba. Disminuyó su apetito, perdió la tranquilidad y, sobre todo, las ganas de vivir.

Para muchas personas no es fácil percatarse de su propio envejecimiento. Es más sencillo ver la vejez de los demás que la de uno mismo, pero darse cuenta y aceptarlo de manera positiva dependerá de factores sociales, culturales, biológicos y psicológicos, además del concepto que cada uno se vaya formando del envejecimiento durante su vida.

Aceptarse viejo puede ser tan fácil como entender que es un proceso propio de la evolución natural o tan difícil como aceptar que se tiene alguna enfermedad incurable. Ello estribará de la experiencia que se haya tenido con ancianos y del juicio que se realice de las condiciones que presentan.

Si la experiencia vivida junto a un anciano fue agradable, es probable que la persona vea el proceso de senectud de manera positiva; de lo contrario puede interpretarse de manera negativa. Verse o ver a los demás como viejos se debe al propio concepto que se tiene acerca de dicha etapa de la vida.

Recuerdo que en alguna ocasión escuché a una persona diciendo: «Yo nunca vi viejita a mi mamá, solo hasta las últimas dos semanas que estuvo enferma y murió».

Su madre falleció a los 92 años y, hasta una semana antes de su deceso, mantuvo la mente más lúcida que muchas personas de su edad y más ágil que muchos jóvenes. Además de eso, aún se valía por sí misma con todo y que 10 años antes había sufrido una fractura de cadera con la necesidad de prótesis.

Esa persona nunca consideró que su madre fuera una anciana porque no había tenido la necesidad de ser asistida por alguien más; únicamente ocupó ayuda durante su recuperación tras la operación de cadera, volviendo a sus actividades cotidianas con ayuda de un bastón, por lo que no tenía limitación alguna a pesar de la fragilidad de su cuerpo.

En ambos ejemplos es muy claro que dichas mujeres tenían un estilo de vida independiente y que esa independencia las hacía sentir autónomas. Podían realizar actividades de acuerdo a sus necesidades y satisfacerlas, tenían vida social, buena salud física y mental, pero, sobre todo, se dieron la oportunidad de no sentirse limitadas por la edad.

Cada vez es más común ver a personas ancianas realizando tareas que generaciones anteriores no realizaban como manejar, cuidar a sus nietos fuera de casa, trabajar en empresas como ejecutivos o como personal de intendencia, empacar víveres en los supermercados, dar clases o hacer ejercicio en vez de permanecer en sus casas, situación que se ha limitado para aquellos que son dependientes, y que hemos hecho propias de la juventud.

Al respecto me vienen a la memoria varios videos de *YouTube* protagonizados por ancianos que aparecen ya sea haciendo constantes bromas a la pareja o inventando canciones de reggaetón que, aunque es considerado un género musical dirigido a la juventud, no les impide disfrutarlo.

Esos y otros ejemplos pueden encontrarse en la red, pero ¿por qué mientras unos ancianos permanecen activos, otros no?

Con el paso del tiempo y de las diferentes culturas han existido estereotipos y conceptos erróneos alrededor de la senectud. Estilos de pensamiento han influido de manera negativa en la forma de apreciar este proceso, lo que ha llevado a que muchas personas decidieran abstenerse de realizar actividades que, en su momento, fueron mal vistas.

En la sociedad moderna algunos de estos estereotipos se están rompiendo y, aunque aún existe el encasillamiento del anciano como un individuo que no tiene derecho a gozar de muchas cosas como independencia, intimidad, autonomía, privacidad o solvencia económica, el pensamiento social está cambiando. Los estereotipos se están rompiendo y cada vez surgen más corrientes de pensamiento que ayudan al anciano a ver el proceso de senectud como un momento de oportunidad y no como una situación en la que solo hay pérdidas.

Llegar a la vejez no es sinónimo de enfermar o de sufrir discapacidad física o mental. Tampoco lo es de volverse inútil o poco valioso, aunque algunas personas tengan ese concepto.

Por otro lado, tener la menor cantidad de enfermedades o situaciones de riesgo de padecerlas -junto con una buena adaptación psicológica- proporcionan al individuo la oportunidad de ver el envejecimiento como algo bello y esperanzador para seguir adelante y disfrutar de lo que se tiene alrededor. Además, envejecer saludablemente disminuye al sujeto la posibilidad de sufrir, al menos, por enfermedad.

El impacto psicológico que genera el envejecimiento en muchas ocasiones dependerá de la resiliencia de la persona, de las vivencias estresantes durante el paso de los años, de su sufrimiento físico debido a las enfermedades concomitantes que padezca, entre otras cosas.

Entender que debemos adaptarnos a la evolución de nuestro organismo, es decir, a su envejecimiento, es de vital importancia. Aceptar los cambios biológicos que vamos sufriendo -como la disminución de nuestra destreza, en la capacidad de respuesta de movimiento y de sentidos- muchas veces es difícil de lograr. Concebir que las cosas no son como cuando éramos jóvenes tiene un impacto muy grande en nuestra psique.

El envejecimiento puede o no presentarse de manera favorable. Esto dependerá de las limitaciones psicológicas y físicas de cada ser humano. Como parte de esta etapa se presentan cambios físicos a todos los niveles, desde la punta de los cabellos hasta la de los pies. Por ejemplo: las uñas, la dentina y la mucosa oral se adelgazan, existe disminución en la sensibilidad para oler o saborear, así como rigidez en la estructura del oído interno y en las paredes cardiacas, se reduce la visión nocturna, se produce adelgazamiento de huesos, etcétera. Con el paso de los años aumenta la necesidad de utilizar aparatos como gafas, prótesis, auxiliares auditivos o de apoyo en locomoción como bastones, andaderas o sillas de ruedas. (Cefalu, 2011)

Ante esa situación se pueden adoptar conductas vanidosas como arreglarse, maquillarse y buscar procurarse con remedios que ofrecen alargar la juventud, aquellos que, si bien no evitan el envejecimiento, permiten al sujeto sentirse con mayor fuerza, vitalidad y sobre todo confianza.

Los ancianos que muestran personalidad adaptativa por lo regular tienden a sufrir menos ante los cambios propios del envejecimiento en comparación a aquellos que son rígidos e inflexibles, pues su resiliencia les hace superar los obstáculos que se van presentando con el paso del tiempo y a aprender de las experiencias. La persona que no se adapta, sufre más.

Así como el cuerpo cambia, también lo hace la mente. La forma de ver y sentir el mundo se modifica. Se exacerban rasgos de la personalidad, pero esta no tiende a cambiar y si lo hace es necesario investigar la causa. Contrario a lo que muchos piensan, no existe una personalidad propia del envejecimiento y, aunque con el paso de los años muchos rasgos se acentúan, tiende a mantenerse estable, a menos que exista alguna situación psicológica o médica que la cambie.

Las emociones se adaptan, se sufren pérdidas que conllevan sufrimiento, el anciano se vuelve propenso al abandono, a quedarse solo cuando no tiene una adecuada red de apoyo.

Se generan situaciones socioculturales que merman la calidad de vida y que la propia persona no es capaz de manejar como en otro momento de su vida. Sin embargo, cuando se está en un medio familiar estable, las necesidades se satisfacen de manera más rápida y, por consecuencia, el sufrimiento es menor.

Junto con los cambios de pensamiento existen modificaciones a nivel cerebral que son propias de la evolución de la neurona envejecida. Estas se producen a nivel macroscópico (disminución del tamaño de los lóbulos frontales e hipocampo) y microscópico (disminución en el número de receptores de todo tipo, atrofia y muerte neuronal). Además se presentan cambios bioquímicos, la transmisión neuronal se hace más lenta, disminuye la concentración de neurotransmisores y receptores en ciertas áreas, se acumulan pigmentos celulares (lipofuscina), se presenta degeneración granulovacuolar, depósitos de sustancia amiloide y placas neuríticas que, si bien con el aumento de la edad van presentándose, pueden iniciar desde etapas tempranas y desarrollarse a gran velocidad, generando decrementos cognitivos que merman la calidad de vida.

Si bien el envejecimiento cerebral se presenta en todos los organismos, no todos presentarán un declive cognitivo que se traduzca en cambios funcionales tal como se dan en los trastornos neurocognitivos.

Existe gran cantidad de factores que influyen para que el cerebro funcione de la mejor o la peor manera. Los cambios en el funcionamiento cerebral dependerán de factores genéticos relacionados al grupo étnico y del propio individuo, a la interacción con el medio ambiente, a la alimentación, la presencia o ausencia de comorbilidad médica, al uso o abuso de sustancias psicoactivas, al consumo de fármacos prescritos o a la automedicación, etcétera. Todo esto debe considerarse, pues en ocasiones el paciente es visto de manera separada por varios profesionales expertos en vez de como un todo.

Tener en cuenta que cada individuo envejecerá de manera distinta y tratar a cada uno de acuerdo con sus características propias, dará por consecuencia un mejor entendimiento del proceso individual de envejecer.

Conocer al anciano desde el punto de vista biopsicosocial es entender que el envejecimiento es un proceso dinámico; eso evitará que generalicemos el hecho de que todos los ancianos son iguales o se comportan igual y que todos cursan envejecimiento enfermizo. Saber que existe la posibilidad de envejecer saludablemente o cursando diversos eventos patológicos nos ayudará a darle más importancia al impacto psicológico que causa el proceso de senectud.

Entender que la biología de cada organismo puede variar de acuerdo con las características propias y al medio ambiente nos llevará a buscar causas médicas específicas cuando encontremos procesos patológicos en la etapa. Observar el medio social en el que cada uno se desenvuelve nos dará la oportunidad de buscar mejores herramientas para la atención del envejecimiento y nos guiará hacia la individualización de cada caso que tengamos frente a nosotros.

CAPÍTULO 4

UN ANCIANO EN LA FAMILIA

Cada familia funciona de manera sistemática dentro de su propio entorno. La función o disfunción que habitualmente observamos dentro de ella es susceptible a la crítica de los que no están inmersos en las situaciones que de esta se generan; esto se manejará de acuerdo con la posibilidad de adaptación que tenga cada individuo dentro de su medio, pues la sociedad en la que se encuentra inmerso influirá fuertemente, ya sea de manera positiva o negativa.

Para cualquier persona, tener un soporte familiar y entender que puede ser un aliado más que un enemigo es de suma importancia; ya sea como medio de apoyo económico, emocional o de protección. Por otro lado, el involucramiento que llega a tener el sistema familiar en el cuidado del anciano no siempre es óptimo y puede mermar su calidad de vida y el deterioro de su salud.

En muchas ocasiones los pacientes acuden solos a consulta y, aunque muchas veces esto puede ser un signo de estabilidad en la salud debido a que muestra que pueden valerse por sí mismos, en otras tantas muestra un evidente desapego familiar.

Usualmente las limitaciones físicas que pueden llegar a sufrir algunos ancianos son visuales, auditivas, motoras o cognitivas y los ponen en riesgo de sufrir algún accidente. Aunado a ello, muchos adultos mayores viven solos y sin supervisión por parte de sus familiares más cercanos.

Las situaciones familiares que los prestadores de servicios podemos observar en los sistemas de salud son bastas. Nos toca ver que existen familias totalmente unidas y que apoyan de una manera ceremoniosa a sus familiares aun cuando estos no precisan ayuda, pero también a aquellas en las que se procura tener lo más lejos posible a la persona que ha llegado a la ancianidad por ser considerada un estorbo o una carga de la cual es mejor desentenderse.

El trato al anciano se ha modificado de acuerdo con la cultura y la sociedad. Siglos atrás, en algunas culturas, el anciano era visto como una persona llena de conocimiento y sabiduría, mientras que en otras como una carga que, debido a su inutilidad, a su poca capacidad para adaptarse al medio, a las migraciones e incluso por los cuidados que requerían, llegaban a ser sacrificados o dejados en la montaña para que no generaran disturbios en la tranquilidad de la comunidad.

Actualmente la atención al anciano depende de la sociedad en la que se encuentra inmerso y, aunque los sistemas de salud están cambiando y se le ha dado mayor importancia al cuidado del adulto mayor, en muchos lugares existen actitudes negativas hacia el mismo.

En estos días, principalmente en las grandes ciudades, algunos ancianos han sido relegados a la situación más baja en la que se les menosprecia, se les desatiende y se les aparta lo más posible de la familia a fin de que no se vuelvan una carga para los que están alrededor, pues es evidente que cuidar a un anciano requiere de mucho tiempo, además de gastos económicos. Mientras unos optan por mantenerlos en casa, otros prefieren asilarlos o abandonarlos.

La dificultad de algunos ancianos para adaptarse a un medio tan cambiante ha hecho que muchos se sientan aún más separados de la familia o del entorno que tiempo atrás los cobijó y que ellos mismos cuidaron. Muchos son despojados de los bienes que les costó conseguir y, en ocasiones, llegan a ser violentados con más frecuencia de la que se cree.

Además, los avances tecnológicos les son cada vez más desconocidos y difíciles de manejar. Los dispositivos móviles, las computadoras y el uso que les damos, han hecho que las familias tengan menor contacto; se convive y se habla menos, se usan más los dedos para enviar mensajes de texto, se trata de buscar soluciones en *Google* y no a través de consejos solicitados a quienes tienen mayor experiencia de vida.

El abandono social y familiar que sufren algunos ancianos los coloca en una situación de vulnerabilidad, incluso cuando tienen un sistema familiar aparentemente adecuado y en el que los cuidan y atienden, pero no les hacen caso. Hay familias en las que la ignorancia existente acerca de algunos trastornos médicos, además de la mala orientación por parte del personal de salud, hace que no se identifiquen situaciones de riesgo o que se entiendan como algo normal o propio del envejecimiento.

Muchas veces me ha tocado asesorar a familias enteras acerca de los problemas de salud de sus hermanos, padres, abuelos o parejas y observar el involucramiento de cada miembro ante los problemas médicos. Mientras unos participan en exceso, otros prefieren mantenerse alejados y algunos más opinan en exceso sin aportar algo positivo para la condición de salud del anciano.

En una ocasión un hombre me contactó con la finalidad de pedirme que acudiera a valorar a un señor a su casa. El individuo que habló era su yerno. Le comenté que me encontraba a casi tres horas de distancia y le expliqué las condiciones en las que podría acudir a valorarlo. Aceptó los términos que puse para poder desplazarme y llegar a su casa para valorar a su familiar. Durante la llamada me comentó el caso de manera general.

-Quiero mucho a mi suegro porque siempre nos ha apoyado. No se lleva bien con mi esposa, pero yo le digo que es su papá y que debemos cuidarlo... No come y nos preocupa mucho. Quiero saber si puede venir a verlo. Le pago lo que corresponda a sus honorarios, pero le pido que venga por favor porque nos urge y nos recomendaron que fuera usted quien lo viera- comentó.

Al llegar a su lugar de origen fui recogido de la terminal de autobuses por un joven que se identificó como el nieto del señor al que debía valorar. Mientras nos dirigíamos a la casa me comentó parte de la situación que vivía la familia y por la cual solicitaban la valoración.

Estando ya en la casa del paciente a valorar, recibí una llamada del yerno, quien me comentó que no había podido asistir a la valoración por cuestiones laborales, pero que me encargaba mucho al paciente.

Uno de los hijos del paciente me comentó la tormentosa situación que vivía la familia. Dijo que su padre siempre había sido una persona agresiva y con tendencia a irritarse fácilmente ante situaciones que no fueran de su agrado o cuando alguien no concordaba con sus decisiones. Llevaban casi dos meses notando su dificultad para dormir y que en las noches deambulaba por la casa e incluso salía de ella sin que pudieran detener su marcha. Comentó que mostraba cambios en el apetito y que poco a poco comenzó a comer menos, que su irritabilidad era más constante y con mayores consecuencias, sobre todo cuando se debía al reclamo de sus hijos ante los gastos excesivos de los últimos meses.

Por lo anterior, algunos de los hijos comenzaron a proponer la consulta médica, pero fue imposible convencerlo y se tornó más irritable. Le gritaba a casi todas las personas que lo rodeaban, a excepción de los nietos que le llevaban comida.

Debido a su acentuada agresividad, los hijos y nietos comenzaron a temerle, pero también a preocuparse, por lo que solicitaron su valoración.

En dos ocasiones acudió a consulta con el médico del pueblo, quien le recomendó la valoración psiquiátrica. Para la familia no fue fácil aceptar el diagnóstico del doctor, pues consideraban que su padre -abuelo para algunos- no estaba loco.

Durante la plática llegó otro de los hijos del paciente, quien me miró con desagrado detenidamente después que nos presentaron. Estiré la mano para saludarlo, pero no respondió.

-No creo que seas médico, estás muy joven. No quiero que veas a mi papá. A ver, muéstrame tus cédulas. A mi papá lo debe ver alguien que sepa y no creo que tú seas médico, ¿quién te recomendó?- reclamó. Traté de darle explicaciones, pero pareció no escuchar y continuó mirándome disgustado.

A pesar de la negativa a que valorara a su padre, los demás hijos decidieron que pasara a la casa para iniciar la consulta. Tuve la oportunidad de entrevistarme con los familiares durante casi dos horas para poder recabar la mayor cantidad de información.

El padre era un señor de aproximadamente 85 años. Campesino. Llevaba varias semanas manifestando cambios en su comportamiento. Ocasionalmente se mostraba intranquilo. Cuando alguna de sus hijas intentaba acercarse, le gritaba y regañaba por todo. Según comentaron, siempre se había caracterizado por tener carácter enérgico y agresivo, pero en las últimas semanas habían notado un aumento en esta conducta. Salía a la calle a cualquier hora a pesar de las dificultades que tenía para caminar, pues años atrás sufrió una fractura de cadera. Simplemente tomaba su bastón y se salía con mucho dinero en las bolsas. Al parecer, no era consciente del gasto, ya que en ocasiones pagaba cantidades excesivas por unas galletas o un refresco.

-Un día el señor de la tienda me devolvió $2,500 por unas galletas que compró mi abuelo- comentó uno de los nietos. En esos meses ya se había gastado alrededor de 150 mil pesos en cosas que no justificaban dicho gasto.

Mientras algunos de los hijos notaron que la actitud de su padre se exacerbaba, otro de ellos manifestaba que se trataba de algo normal, que siempre había sido así y que su papá no estaba loco. Dicha diferencia de opiniones resultó en el intento por impedir la consulta.

Mi presencia le generó intranquilidad y enojo. Argumentaba que debían conseguir a un médico de mayor edad y experiencia mientras mostraba su estigma a la salud mental y la devaluación hacia la gente joven, considerándome inexperto e incompetente. Además, dejó entrever la dificultad que tenía para mantener buena comunicación con su familia.

El hijo que estaba irritado ante mi presencia al parecer no tenía conocimiento de mi visita. Su forma de pensar respecto a la salud mental estaba muy alejada de la realidad pues, como muchos, pensaba que ir al psiquiatra era sinónimo de estar loco, cuando no es así.

Al final de tan embarazosa situación pude valorar al paciente, quien claramente mostraba síntomas neuropsiquiátricos y, aunque la negativa a la atención y la agresividad que mostró el hijo al principio fue inquietante, entendí que la dinámica familiar no era la mejor. Antes de tomarlo como algo personal, vi que era parte de la circunstancia que se debía evaluar.

En este caso fue muy claro que varios factores sociales estaban influyendo en la atención. La situación sociocultural, la educación, la personalidad de los familiares y el entendimiento del problema dificultaban el caso.

Ante situaciones como esta es común que no solo los familiares directos estén involucrados en el apoyo y atención a los ancianos, sino incluso familiares indirectos, amigos o vecinos. Sin embargo, a pesar de mantenerse cerca, no todos tienen la disposición de apoyar, y mucho menos la posibilidad de decidir.

No imagino el problema familiar que se habrá generado tras mi consulta entre los hermanos, entre algunos hijos y el yerno, pero, sobre todo, entre el paciente y sus hijos. Con seguridad se abrió la puerta a un problema muy grande.

Es común que en las familias grandes exista poca comunicación. Todos los hijos opinan, pero nadie quiere hacerse cargo de la salud del familiar. En este caso una de las hijas y dos nietos se hacían cargo de alimentar al paciente y de estar al tanto de las cosas que hacía. Fue esa hija la que se percató de los cambios que iba mostrando con el paso del tiempo, situación que comentó con sus hermanos, generando una división de opiniones.

Los hijos mayores -ya sea por respeto, por ignorancia o por negación- no pudieron entender que su padre mostraba síntomas anómalos. Independientemente de la causa, para ellos era difícil aceptar que su padre, el hombre enérgico, determinante y demandante con el que habían compartido sus vidas, no actuara como normalmente lo hacía. Para ellos no fue fácil involucrarse en la atención de su salud. No dudo que hayan notado los cambios en el comportamiento de su padre, pero parecía que preferían no notarlo más por miedo que por negación.

Para muchas personas darse cuenta de que la actitud de un familiar ha cambiado puede ser fácil cuando afecta o merma la comunicación o socialización de manera directa, pero si se vive aparte es más difícil identificarlo. En este caso fue fácil notar que mientras unos hijos aseguraban la existencia de un problema en el comportamiento de su padre, otros la negaban.

Identificar la patología de salud mental en el anciano puede llegar a convertirse en un reto dentro de la familia, pues distinguir entre los cambios propios del envejecimiento saludable y los del patológico llega a ser difícil. Factores como el aislamiento y la soledad pueden influir en la identificación de esa situación. Frecuentemente, los cambios en el comportamiento del anciano pueden no ser observados por los familiares ya que el tiempo dedicado a su cuidado en ocasiones es limitado.

Para algunos miembros de la familia fue difícil involucrarse en la atención médica porque -según su experiencia- su padre tenía una personalidad muy clara y, a sus ojos, esto solo era una exacerbación de la misma. A algunos hijos les tocó ser observadores de la violencia que ejercía hacia su esposa y los animales; incluso algunos de ellos la sufrieron en carne propia. Fue por esto que algunos calificaron la situación como algo normal, pero -ante los ojos de algunas de las hijas- algo más estaba pasando.

Notaron que su violencia se salía de los parámetros acostumbrados y que reaccionaba de manera exagerada ante el estímulo más pequeño. No dormía, no comía y decía cosas extrañas que llegaban a ser incomprensibles.

La paranoia mostrada era algo nuevo y que algunos de sus hijos no aceptaban como parte de su personalidad a pesar de que siempre había sido una persona desconfiada y que no recibía críticas o consideraba las opiniones de los demás. Sus ideas paranoides lo habían llevado a creer que lo querían envenenar.

Debido a que algunos de sus hijos lo veían físicamente íntegro, se les dificultó entender que cursaba un proceso patológico y fue por esto que retrasaron la visita al médico una y otra vez.

Aceptar que uno de nuestros padres está enfermo puede ser un proceso emocionalmente complicado; más aún cuando desconocemos la sintomatología de un padecimiento que en primera instancia no presenta deterioro en la salud e integridad física. Sin embargo, nuestra observación puntual ante los cambios sutiles en el comportamiento de nuestros seres queridos puede darnos luces de que ocurre algo anormal.

Entender que algunos cambios que se presentan durante el envejecimiento son patológicos no es sencillo, incluso para el médico de primer contacto. No obstante, no en todos los casos sucede igual. Muchas veces son otras personas las que identifican los síntomas anormales y entienden la naturaleza de los mismos. Familiares, amigos, conocidos o profesionales de la salud no deben darse el lujo de pasar por alto los cambios patológicos que se presenten.

Desafortunadamente, en nuestro medio no existe la cultura de investigar de manera intencionada los cambios propios de padecimientos neuropsiquiátricos que engloban alteraciones en el afecto, en las funciones cognitivas o psicosis, entre otros. Y, aunque muchas veces el motivo de la consulta puede deberse a que el paciente identifica algunos cambios en su memoria, es difícil que en el primer contacto con el médico se realice la evaluación adecuada, sobre todo si se desconocen las diferentes formas en las que se traduce la situación.

En una ocasión, tras dar una charla, una señora se me acercó con la intención de comentarme su caso y hacerme preguntas sobre lo que podía hacer para solucionarlo.

Dicha señora me comentó que se había hecho amiga de una anciana de 80 años a la cual iban a echar de su casa por no cumplir con el pago de la renta, por lo que, compadecida de su situación, le ofreció asilo temporal en lo que encontraban un mejor lugar.

Pasaron unos meses y la nueva inquilina comenzó a mostrar cambios de actitud. Empezó a comentar que le robaban cosas y cambiaba el contexto de las historias que contaba.

La convivencia -que al principio fue armoniosa y divertida- se tornó difícil y tormentosa por momentos. La anciana comenzó a presentar diferentes conductas hacia los habitantes de la casa, entre ellas agresividad y violencia.

Al experimentar esto, la dueña de la casa comenzó a cursar con pensamientos y emociones ambivalentes[11] hacia su octogenaria

---

[11] La ambivalencia es una condición que se presta a dos interpretaciones opuestas, como odio y amor. A menudo la cuidadora suele encontrarse ante ciertos sentimientos debido al rol que desempeña. Esos sentimientos se manifiestan de diferente forma de acuerdo al tiempo que se permanezca al cuidado, es decir, en los inicios del cuidado la situación puede verse como un deber moral, por lo que se suelen encontrar sentimientos de aceptación y satisfacción ante la labor cumplida. Posteriormente, y a medida que el tiempo avanza y la enfermedad permanece, surgen sentimientos que pueden tornarse en insatisfacción, enojo y a la vez culpa. Giraldo-Molina, CI., Franco-Agudelo, GM., 2006. Calidad de vida de los cuidadores familiares. Aquichan, Pp. 6(1), 38-53.

inquilina. Por un lado, quería echarla de su casa, por otro, pensaba en lo deshumanizada que se sentía de solo pensarlo. Fue entonces cuando buscó ayuda para ingresarla a alguna institución en la que pudieran ayudarla.

Mientras buscaba qué hacer o a dónde llevarla le recomendaron acudir a alguna institución privada o llevarla al DIF para que se hiciera cargo de la situación, pero el hecho de pensar en el infortunio de la ´pobre anciana desvalida´ le generaba gran angustia y tristeza.

Tras buscar por un tiempo, encontró un asilo en el que solo aceptaban a personas sin hogar y con previa valoración de un psiquiatra para corroborar que no presentara antecedentes de dicha índole o de violencia que pudieran poner en riesgo la integridad de los demás residentes, por lo que fue necesario evaluarla.

Durante mi valoración pude corroborar que la anciana mostraba síntomas de Alzheimer y que sus ´ataques de agresividad´ eran parte reactiva ante las exigencias externas y no de manera inesperada. Pude notar fallas cognitivas.

Semanas después la mujer fue ingresada al asilo, lugar en el que aceptó vivir y en donde podían encargarse de ella, dándole una mejor calidad de vida y proporcionándole atención médica.

Como consecuencia, la señora que me contactó comenzó a sentirse mejor y a olvidarse de la sintomatología que había sufrido debido al estrés que le generaba la situación con su ex inquilina, a quien visitaba cada semana y cuya relación había mejorado en demasía.

Este caso es un buen ejemplo de lo que sucede con los ancianos abandonados en nuestra comunidad. Alguien no familiar se encarga de ellos y cuando se hacen presentes los síntomas de alguna enfermedad, no saben cómo actuar.

Afortunadamente existen situaciones en las que los resultados no son contraproducentes a largo plazo, a pesar de que al momento conlleven consecuencias negativas.

La objetividad que algunas personas tienen al identificar síntomas puede llegar a ser minimizada por las opiniones que los rodean. Si bien los consejos o la orientación que recibimos para resolver nuestros problemas pueden llegar a ser acertados, en ocasiones puede no ser la mejor o dejar mucho que desear al no amoldarse a nuestra situación de vida, o puede simplemente no ser la correcta pero tener una buena orientación y no aceptarla tendrá como consecuencia que la evolución de los hechos sea catastrófica.

A pesar de que somos propensos a sufrir situaciones estresantes dentro del núcleo familiar, casi nunca somos conscientes de los cambios que pueden generarnos tanto en el organismo como en la manera de pensar y de percibir la vida. Si bien es cierto que el hecho de aceptar que se padece sintomatología en materia de salud mental es difícil, lo es también tener en casa a un familiar enfermo con depresión, ansiedad o, peor aún, con trastornos psicóticos o neurocognitivos.

En la gran mayoría de los casos lo malo no es el padecimiento *per se*, sino nuestro desconocimiento del tema y la carga emocional que genera en el paciente y su entorno.

En el primer caso unos familiares identificaron los síntomas, mientras que otros no. En el segundo se trató de una buena mujer que, además de dar asilo a una anciana solitaria, logró notar los cambios que presentaba, pero podemos ver que, a pesar de que en ambos casos se trató la misma problemática, solo uno de ellos contó con un buen seguimiento y con atención adecuada.

Los cambios que se presentan en la vida familiar de la persona enferma son evidentes. Sin embargo, la calidad del cuidado dependerá del conocimiento de la familia acerca del problema base y de los síntomas que puede presentar. En muchos casos también depende de la ayuda que el paciente desee recibir.

Cuando una persona enferma no se da cuenta de las manifestaciones de su trastorno es más difícil manejarlo. Incluso, el daño generado a su persona y a su entorno familiar y social puede ser tan grande que genere problemas hasta de índole legal.

Es normal que -debido a los problemas de salud mental- exista confusión entre la familia, pues en muchas ocasiones los tabúes en los que se envuelven los problemas psiquiátricos dificultan la posibilidad de una atención oportuna.

A menudo el familiar de la persona afectada puede llegar a sufrir una situación denominada ´síndrome de sobrecarga del cuidador´ que, si bien no está considerada como un diagnóstico psiquiátrico, trae consigo una carga afectiva intensa y con múltiples síntomas que se muestran como dolores de cabeza, tensión muscular, insomnio, fatiga, labilidad emocional, entre otros. Cursar con dicho síndrome puede dificultar aún más la convivencia.

Al vivir este tipo de situaciones como familiares minimizamos los síntomas o, sin querer, actuamos de manera tal que los perpetuamos. Es normal ver que mientras unos no dan importancia a los cambios abruptos en el estilo de vida -como en el primer caso expuesto en este capítulo- otros, a pesar de verlos, no los consideran. También existe quien los identifica desde el inicio y les busca solución, pero la resolución de la situación no solo radica al momento de la identificación de las anormalidades o en el momento en el que las aceptamos y buscamos atención, también depende del modo en el que encontramos la ayuda.

Muchas veces se busca apoyo desde el principio de los padecimientos y desafortunadamente no se obtiene la mejor orientación. Esto puede deberse a desconocimiento acerca de los cambios normales y patológicos en el envejecimiento, o a ignorancia ante la adecuada atención del anciano.

Una de las consecuencias negativas que encontramos en las familias es que, al ver que el anciano pierde la capacidad de realizar sus propias actividades y que disminuyen sus funciones mentales, comienzan a ser tratados como niños. Se les dice qué hacer, cómo hacerlo, qué vestir, a dónde ir, etcétera. Esto lleva a que los familiares les disminuyan la carga de lo que normalmente realizaban. Dejan de cocinar, de manejar, de salir a la calle...

A pesar de que muchas personas ven este tipo de situaciones como una manera de mostrar su amor y afecto al hacerse cargo de las necesidades de su familiar, la realidad es que llega a ser contraproducente para la salud física y cerebral del anciano quien, lejos de readaptarse al mundo y a sus actividades tras la presentación o exacerbación de los síntomas, comienza a ser tratado diferente y a ser despojado de sus responsabilidades, situación que les impide mejorar.

Ocasionalmente las buenas intenciones pueden ser nocivas. A pesar del cariño con el que podemos llegar a tratar a nuestro familiar, las consecuencias de nuestros ´actos de amor´ pueden no ser las mejores.

Algo como esto me tocó observarlo en una mujer de más de 80 años que, tras sufrir la pérdida de su esposo, fue cobijada por toda su familia. Sus hijos decidieron cocinar, lavar, limpiar y realizar para ella todas las labores domésticas pensando que eso la haría sentir apapachada y, como consecuencia, mejoraría. Fue enorme su sorpresa al notar que a pesar del transcurso del tiempo su madre no mejoraba y que, por el contrario, sus actividades se habían reducido a mantenerse recostada sobre la cama viendo televisión.

Tuvieron que pasar dos años tras la muerte del esposo para que los hijos comenzaran a entender que existía un problema. La mujer no había podido recuperarse del duelo. Cada vez que la llevaban al médico, este les decía que «su madre se encontraba físicamente bien, que la apapacharan y la ayudaran a ´echarle ganas´ para que estuviera mejor y superara su pérdida».

Al no ver mejoría, la familia se reunió para comentar la situación. Fue entonces cuando decidieron que lo mejor era buscar ayuda de un psiquiatra.

El amigo de una de las hijas les había recomendado asistir a valoración médica, por lo que acudieron a la misma. En este caso, de una buena intención por parte del especialista, se generó un mal.

Otro caso es el de una paciente de 62 años que fue diagnosticada con trastorno por ataques de pánico que por momentos la incapacitaban, por lo que el marido decidió realizar las labores del hogar con intención de ayudarla. Medio año después ella no realizaba actividad alguna ni dentro ni fuera de su casa.

Ante la mínima exigencia o petición de que realizara alguna labor, por pequeña que fuera, su respuesta era un «no puedo». La realidad era que no estaba físicamente incapacitada, sino que su sensación de miedo había aumentado.

La buena acción de su esposo al encargarse de todas sus necesidades había resultado contraproducente. Ella se había acostumbrado a creer que no podía hacer nada.

Al analizar la situación se le inició tratamiento y al marido se le dieron técnicas de abordaje para poder ayudar a su esposa. Poco a poco fue dejando que ella lavara la ropa, los utensilios de cocina o que aseara la casa. Posteriormente comenzó a salir a la calle y, seis meses después, mejoró considerablemente, retomando de manera paulatina las actividades que acostumbraba realizar.

La enfermedad per se, es una situación que genera intranquilidad a quien la padece y, de acuerdo con la gravedad, afectará también a las personas que rodean al enfermo. Sea agudo o crónico, el proceso de enfermedad tiende a modificar en pequeña o gran medida el funcionamiento personal y familiar. Para entender los efectos estresantes de la enfermedad dentro del contexto familiar es necesario considerar lo siguiente:

- El tipo de enfermedad.
- Las fases temporales.
- El pronóstico.
- El grado de incapacidad: leve, moderada o grave.
- El funcionamiento familiar.
- Los factores predisponentes, precipitantes y perpetuanes.
- La comunicación afectiva durante cada fase del padecimiento.

De no hacerlo, la vivencia del padecimiento puede entrar en un círculo vicioso o en una situación de ´estira y afloja´ en la que, lejos de mejorar, se instala y cambia la dinámica familiar, adaptándola al modo de la enfermedad.

En el caso de las enfermedades de tipo psiquiátrico que tienden a cronificarse debido a su gravedad, se puede generar en la familia una disfunción tan grande que las aleje o diluya y que rompa relaciones, ya que, en muchas ocasiones, el paciente se vuelve dependiente de su cuidador inmediato, colocándolo en una posición difícil de aceptar.

Comúnmente muchos ancianos son llevados a consulta con múltiples especialistas por presentar sintomatología que pareciera insidiosa y que es vista superficialmente. La dificultad en el diagnóstico suele radicar en que -durante el envejecimiento- las diferentes enfermedades pueden enmascarar otras afecciones con síntomas similares.

Con el paso del tiempo algunos enfermos llegan a sufrir problemas generados con el envejecimiento patológico. Esto puede desembocar en fragilidad o dependencia que, si no es vista y manejada por el médico tratante, puede condicionar la adaptación a la patología, la falta de reconocimiento de las limitaciones físicas por parte del anciano y el inicio de violencia bidireccional ante las exigencias de él o de sus familiares. Entonces, en vez de que la familia sea un cobijo para el paciente, será la fuente de su sufrimiento.

Algunas condiciones que se ha observado que ayudan a mejorar la atención a los ancianos son la disposición de recursos económicos de la familia o del propio adulto mayor, el apoyo, la seguridad social, la corresidencia, el apoyo emocional y la buena relación familiar. (Arroyo-Rueda, 2011)

Desafortunadamente muchos ancianos carecen de esta protección social, situación que los coloca en desventaja para recibir apoyo en caso necesario.

La dependencia generada por las patologías no solo repercute en una mayor demanda de recursos, sino que conlleva una serie de cambios en la estructura familiar, en los roles y en los patrones de conducta que pueden precipitar crisis que amenazan la estabilidad familiar, especialmente al cuidador principal.

El impacto de cuidar influye negativamente en la vida de los cuidadores tanto en lo referente a sus actividades socio-laborales como en la limitación del tiempo para dedicarse a sí mismos.

Cuidar a una persona independiente produce cambios a nivel físico, psicológico, familiar, social y económico del cuidador. Es por eso que siempre debemos estar al tanto de la salud del anciano y de su familiar, a fin de evitar mayores situaciones que generen estrés.

No es común que los cuidadores frecuenten de manera especial la consulta psiquiátrica. Por lo regular acuden con médicos de otras especialidades, motivo por el cual sus síntomas no son identificados.

Al valorar al anciano es necesario realizar un análisis de la situación familiar en la que se encuentra inmerso, además de observar exhaustivamente su estado de salud física y psicológica.

Si bien es cierto que -como comenta Ribeiro (2002) - en la vejez avanzada con dependencia física y necesidades de cuidado, la familia sigue fungiendo como la principal fuente de apoyo, los cambios sociales, políticos y económicos a los que se enfrenta en las últimas décadas han puesto en riesgo el apoyo que pueden otorgar.

Por tanto, es necesario mantenerse cerca del familiar anciano a fin de identificar si existen agravantes a su condición física y mental que lo puedan llevar a sufrir agudización o aumento en la severidad de un padecimiento ya sea conocido o desconocido.

Además es imperativo hacer énfasis en observar los cambios en el estilo de vida personal y familiar que por consecuencia conllevan la necesidad de adaptarse a las situaciones que se generan y que, si bien en ocasiones pueden ser pasajeras, en otras pueden perpetuarse y progresar hacia el deterioro de la función familiar, trayendo consigo gran sufrimiento.

CAPÍTULO 5

DE LA TRISTEZA A LA DEPRESIÓN

Toda persona tiene derecho a sentirse triste en uno o varios momentos de su vida, pero no cualquiera es propenso a deprimirse. Mientras la tristeza es una de las emociones básicas del ser humano, la depresión es un trastorno psiquiátrico que genera disfunción en las actividades de quien la padece. Se trata de una situación que no desaparece ´echándole ganas´, pues no es una cuestión de voluntad, pero -contrario a lo que muchos piensan- tampoco es algo normal durante el proceso de envejecimiento saludable.

Conozco a muchas personas que han luchado contra la depresión de manera solitaria sin éxito, pensando en que esto es pasajero, cuando muchas de las veces no lo es.

El trastorno depresivo es uno de los padecimientos psiquiátricos más comunes; a tal grado que la OMS (2018) lo ubica como una de las primeras causas de discapacidad. Es una enfermedad que puede ser tan leve como para no percibirse, o tan grave que produzca un cambio radical en vidas, familias, actividades sociales y laborales. Incluso, puede afectar la salud física u ocasionar la muerte si no es tratada.

Durante la presentación de los síntomas de un episodio depresivo no todas las personas muestran las mismas características. Puede ser totalmente diferente la manera en la que se presenta en la juventud en comparación a como se presenta en la vejez.

Al realizar la anamnesis es primordial distinguir si el padecimiento apareció en la vejez (inicio tardío) o si se mostró en diversas ocasiones desde la niñez, la juventud o la vida adulta temprana, pues la etapa en la que se haya presentado tiende a variar debido a que frecuentemente el anciano padece trastornos comórbidos[12] que pueden enmascarar o agravar el episodio depresivo. Se ha clasificado que la depresión de inicio tardío tiene su aparición después de los 60 años.

En el anciano los factores biológicos que alteran de alguna manera el proceso de envejecimiento deben ser considerados, pues influyen en demasía en la presentación de otras enfermedades psiquiátricas, además de en la depresión.

Cuando la depresión se presenta en adultos mayores puede pasarse por alto porque en la vejez se muestran síntomas menos evidentes y porque los ancianos pueden estar menos propensos a sufrir o reconocer sentimientos de pena o tristeza.

Aunque se ha visto que la forma clásica de depresión se presenta en menor grado en el anciano que en el joven, a menudo las formas menores o subclínicas tienen alta prevalencia en el primero, así como mayor impacto en la calidad de vida. Muchas veces la forma en la que se presenta tiene gran componente somático, es decir, con síntomas físicos. (Artiles-Pérez, 2009)

Aunque algunos síntomas somáticos son propios de la depresión como la disminución de apetito, el insomnio y la fatiga, existen otros frecuentemente asociados como molestias o trastornos digestivos, estreñimiento o diarrea, dolores (cefalea, osteomusculares, precordial), astenia, cansancio, debilidad y fatiga. Además se presenta disfunción sexual, un síntoma poco valorado en el anciano.

Es común que dicho padecimiento sea menospreciado por quien lo sufre o por la familia y, por lo tanto, no notan que lo que pareciera ser tristeza normal en la vejez, en realidad puede tratarse de un trastorno depresivo.

Me ha tocado escuchar a nietos decir: «Mi abuelita siempre ha sido una persona triste, siempre llora y a veces lo hace sin motivo alguno...». Creer que esto es propio del envejecimiento provoca que los familiares normalicen los síntomas de este padecimiento durante el proceso de senectud.

---

[12] Se entiende por comorbilidad cualquier entidad, enfermedad o condición de salud adicional que ha existido o puede ocurrir durante el curso clínico de un paciente con una enfermedad pre-existente. La presencia de comorbilidades puede afectar la eficacia de los tratamientos, aumentar el riesgo de iatrogenia y eventos adversos. Además, incrementa el riesgo de hospitalización, empeora la calidad de vida e incrementa el riesgo de muerte. Hematología: Volumen 20, número extraordinario I Jornada Latinoamericana de SAH. Fragilidad, comorbilidad y su impacto en las decisiones médicas en pacientes años, 2016. Pp. 77.

Durante mi práctica, al explorar el inicio de los síntomas he constatado que llevan 10, 15, 20 o más años generando molestia a quien la padece. Para entonces la sintomatología se ha vuelto parte del *modus vivendi* del adulto mayor.

Cuando conocí al señor Saúl (a sus 79 años) había decidido que era tiempo de hacer caso a la recomendación tanto de sus hijos como de sus médicos de acudir a la consulta con un psicólogo o con un psiquiatra, aunque no entendía bien cuál era el motivo por el que debía acudir.

Saúl era un hombre que denotaba carácter fuerte, voz clara y mirada penetrante. A simple vista se veía que estaba acostumbrado a tener voz de mando y a que sus decisiones fueran llevadas a cabo sin ser cuestionadas.

Esa mañana llegó acompañado de su esposa y compañera de toda una vida. Estaban juntos desde hacía más de 60 años, eran padres y gozaban de una vida familiar estable. Mientras él se dedicó a trabajar para sustentar su hogar, ella se dedicó a cuidar a sus hijos y a administrar el dinero que llegaba a casa, pero en ese momento Saúl llevaba varios años jubilado y sus actividades se habían reducido demasiado.

El día de la primera valoración, tanto el señor Saúl como su esposa comentaron que desde hacía casi año y medio mostraba dificultad para entender lo que le comentaban sus familiares o quienes le rodeaban. No identificaba lo que decían, creía que murmuraban y sospechaba que se burlaban de él. Aseguraba que se secreteaban para que no se enterara de lo que los demás platicaban, pero no estaba seguro de que en realidad sucediera todo lo que suponía, pues nunca había escuchado que sus hijos o nietos se expresaran mal de él, y menos de su presencia.

Lo cierto fue que mientras los familiares se mantuvieran frente a él, podía entender claramente todo lo que decían, pero cuando las personas le hablaban desde otro lugar -ya fuera detrás de él o a los lados- solo alcanzaba a notar el ruido de las voces, mas no entendía la mayoría de las palabras. Al no percibir adecuadamente lo que comentaban, sospechaba que hacían comentarios negativos de él.

Con el paso de los días y ante el enojo y la tristeza que le generaba la situación, su carácter enérgico se tornó intolerante y beligerante. Peleaba con su esposa y acusaba a los demás de secretearse para que él no se enterara de los asuntos que se manejaban.

Tanto su esposa como sus hijos notaron que mostraba dificultades en la audición, por lo que decidieron llevarlo a consulta a pesar de su negativa a aceptar que tenía un problema auditivo.

Tras ser revisado de manera exhaustiva, se le recomendó utilizar un auxiliar auditivo para mejorar la calidad de su audición; sin embargo, no quiso aceptarlo, pues argumentaba que él «seguía oyendo bien y todo lo inventaban sus familiares para hacerlo enojar».

Tiempo después me comentó que el motivo por el cual aceptó el auxiliar auditivo se debió a que tenía miedo de sentirse vulnerable y limitado. No quería aceptar el paso del tiempo a través de su cuerpo.

Con el transcurso de las semanas su ánimo decayó y diariamente se mostraba irritable y, a momentos, triste. La condición médica que le provocaba no poder oír bien le generó emociones y pensamientos negativos respecto a sí mismo y, poco a poco, dejó de disfrutar las cosas que antes le complacían: salir a caminar, pasear por las calles o acudir a su parcela a remover la tierra o sembrar.

La hipoacusia[13], la tristeza y el enojo que experimentaba provocaron su alejamiento de las actividades familiares, sociales e incluso personales. Disminuyó su participación en las conversaciones familiares y limitó su convivencia solo a su esposa. Prefería apartarse de los demás y conversar sólo lo indispensable. Se molestaba diariamente y peleaba con su esposa; la mayoría de las veces por nimiedades.

De pronto, sin motivo aparente, comenzó a sentir ganas de llorar, y en ocasiones lo hacía. A veces no sabía por qué sucedía, por lo que lloraba debido a la frustración que sentía ante la situación que estaba viviendo.

Al principio la sensación lo asaltaba un par de veces a la semana, pero se hizo cada vez más frecuente. Había días en los que le costaba mucho trabajo levantarse de la cama, por lo que dormía mucho más de lo acostumbrado. Comenzó a notar que el tiempo pasaba lentamente, que los días se hacían largos y tormentosos. Su sentir físico y emocional era menos soportable cada día. Además, presentó

---

[13] La hipoacusia refiere un daño en la capacidad de audición de una persona. El grado de hipoacusia se define de acuerdo con la capacidad del sujeto para escuchar sonidos de diferente intensidad. Su umbral auditivo, por tanto, se determina según el estímulo menos intenso que el individuo es capaz de captar. Puede clasificarse de forma cuantitativa, locutiva, etiológica o topográfica. La clasificación más habitual es la cuantitativa, que permite indicar si una persona sufre hipoacusia leve, moderada, grave o profunda, según las frecuencias que no logra escuchar. https://definicion.de/hipoacusia/

limitaciones en sus actividades al sentir que cada vez tenía menos energía. Todo le pesaba, en ocasiones hasta caminar.

Por su cabeza pasaban pensamientos que le recordaban lo inútil que se sentía al no poder mejorar su situación. Con el paso del tiempo llegó a pensar en que «sería mejor si Dios se lo llevara», es decir, si dejaba de existir, pero jamás pensó en quitarse la vida[14].

Ocasionalmente, tanto sus hijos como su esposa lo notaban distraído y ensimismado. Algunas de las discusiones nacían porque los familiares se veían en la necesidad de utilizar un tono de voz más elevado en las frases que, además, tenían que repetirle, lo que le molestaba mucho porque le parecía una falta de respeto. Aseguraba que les entendía a la primera, pero no siempre era así. Saúl se negaba a aceptar su realidad.

Al verlo triste e irritable durante más de seis meses, sus hijos insistieron en llevarlo a revisión médica con un especialista en medicina interna, quien -tras realizarle una extensa entrevista y explorarlo- solicitó estudios de laboratorio que no mostraron afección alguna, por lo que le prescribió tratamiento a base de fluoxetina al concluir que tenía un cuadro depresivo.

Tras una semana de haber iniciado el tratamiento, el señor Saúl comenzó a mostrar mejoría y a sentirse con mayor energía y buen ánimo. Dejó de llorar y de sentirse vulnerable. Mejoró su desempeño y su apetito, incluso notó que se concentraba mejor.

No obstante, decidió suspender el medicamento por miedo a volverse dependiente, una idea errónea que comúnmente se tiene acerca de los tratamientos psiquiátricos.

Unas semanas después de la suspensión del medicamento, la sintomatología regresó y se exacerbó. Fue entonces cuando Saúl volvió a acudir a valoración con su médico de cabecera, quien lo envió a psiquiatría para buscar un diagnóstico y tratamiento más preciso. Los días pasaron y, casi medio año después, Saúl decidió que era

---

[14] Los pensamientos acerca de la muerte son constantes conforme nos hacemos más ancianos, pues tenemos mayor probabilidad de morir. Sin embargo, el hecho de pensar en que sería mejor que nuestra vida termine está muy alejado de la idea real de quitarse la vida.

momento de acudir con el psiquiatra.

Anteriormente se había negado, pues afirmaba no estar loco, una afirmación real. Sin embargo, al ser evaluado tanto por un psicólogo como por un psiquiatra, se observó que Saúl cumplía con varios de los criterios establecidos para el trastorno depresivo mayor (TDM). (DSM 5, 2013)

El diagnóstico del TDM refiere que se debe cursar con la presencia de al menos uno de estos síntomas: estado depresivo y pérdida de interés o de placer, y cuatro o más de los siguientes indicios: pérdida o aumento de peso, disminución o aumento del apetito, insomnio o hipersomnia, agitación o retraso psicomotor, fatiga o falta de energía, sentimiento de inutilidad o culpabilidad excesiva o inapropiada, disminución de la capacidad para pensar, concentrarse o tomar decisiones y pensamientos de muerte recurrentes. Estos deben encontrarse por un lapso mínimo de dos semanas.

::::::::::

En este caso en particular la mayoría de los síntomas depresivos estuvieron presentes al momento de la evaluación y fueron aumentando con el paso de las semanas.

A pesar de la pérdida sensitiva, Saúl no se sintió como en un duelo. Esto se debió a que la presencia de los síntomas estaba relacionada con la forma a la que estaba acostumbrado a reaccionar ante ciertas situaciones.

Debido a la sintomatología llegó a presentar ideas de minusvalía, por lo que se sentía inútil y sin la capacidad suficiente como para realizar las actividades a las que estaba acostumbrado, además de poco valorado. Llegó a pensar en que ya no era importante para su familia. Creyó que sus hijos le habían perdido el respeto por hacerle comentarios negativos acerca de su salud, sintiéndose criticado. Gracias a ello pensó que había perdido el control sobre las reglas educativas que había impuesto en su hogar.

Durante la consulta fue necesario explicar que este tipo de padecimientos se presentan comúnmente en la población general y que no tenía por qué sentirse avergonzado ante el hecho de tener ganas de llorar.

Asimismo, fue necesario comentarle de manera adecuada y comprensible el origen de sus síntomas, pues gozaba de buen entendimiento. Tras aclararle su situación médica, Saúl quedó satisfecho con la atención y aceptó acudir a terapia psicológica, además de darle seguimiento a la parte psiquiátrica. Con el paso de las semanas continuó de manera voluntaria su tratamiento, acudiendo con gusto a cada una de sus sesiones hasta que mejoró por completo.

La depresión es un padecimiento que se caracteriza por una visión profundamente negativa del mundo, de uno mismo y del futuro. Dicha visión se ha relacionado con sesgos negativos en la atención, la interpretación y la memoria. Específicamente los estudios del procesamiento cognitivo en la depresión han informado una mayor elaboración de información negativa, dificultades para desconectarse del material negativo y déficits en el control cognitivo al procesar dicha información, lo que explica por qué las personas deprimidas experimentan un alto nivel de pensamientos automáticos negativos y rumiación patológica. Las personas deprimidas son particularmente vulnerables a la retroalimentación psicológica negativa, que tiene un efecto desproporcionadamente perturbador en el rendimiento posterior. (Willner, 2013)

El trastorno depresivo es un padecimiento común y, así como el señor Saúl, muchas personas cursan TDM o situaciones similares; por tal motivo son vistos día a día en los servicios de atención al adulto mayor. El trastorno depresivo mayor es uno de los padecimientos más comunes en el paciente geriátrico y varía en su prevalencia dependiendo del lugar en el que sea estudiado.

Actualmente la OMS estima que el 7% de las personas mayores de 60 años tiene depresión y que dicha prevalencia incrementa entre los residentes de hogares para ancianos. En México, Belló y Cols. (2005), observaron presencia del 4.5%, con 5.8% en mujeres y 2.5% en hombres. Además notaron que la depresión era más frecuente en mayores de 60 años comparada con menores de 40 y que conforme la escolaridad disminuye, aumenta la presencia de depresión. Se ha visto que es dos veces más común en mujeres que en hombres. Esto se debe a que son ellas quienes acuden con mayor frecuencia a los servicios de salud.

Por otro lado, en nuestro medio es común escuchar que ´los hombres no lloran´. Esta ideología hace creer que llorar es sinónimo de debilidad y vulnerabilidad, por lo que muchos varones evitan mostrar sus sentimientos antes de verse como llorones. Por tanto, la mayoría cree que el hombre que está triste y llora es débil, aunque ello no sea así.

También se sabe que existen elementos biológicos o factores hormonales y psicosociales que son únicos de la mujer. Las hormonas afectan directamente las sustancias químicas del cerebro que regulan las emociones y los estados de ánimo. Los hombres experimentan la depresión de manera distinta a las mujeres; tienden a reconocer fatiga, irritabilidad, pérdida del interés en las actividades que les resultaban placenteras o sueño alterado, mientras que las mujeres admiten sentimientos de tristeza, inutilidad o culpa excesiva con mayor frecuencia. (Cochran, 2000)

Existen muchas razones posibles para explicar estas diferencias: desigualdades económicas, aislamiento, aumento en la morbilidad médica, fragilidad y discapacidad. Los hombres se quejan menos de tristeza o de la presencia de síntomas psicológicos por influencias socioculturales.

La evaluación de la depresión en el paciente geriátrico es un reto grande. Por tanto, es necesario indagar en cada paciente si es que se trata de depresión de inicio tardío o si es parte de un padecimiento que tuvo lugar durante varias etapas de su vida, es decir, es un episodio recurrente y este es solo una exacerbación o persistencia de un episodio previo.

Aunque las manifestaciones del TDM de inicio temprano y tardío pueden cumplir con los criterios marcados por el DSM-5, existen claras diferencias en su presentación.

La depresión en adultos mayores de 60 años frecuentemente presenta anormalidades de circuitos fronto-subcorticales, además puede estar relacionada con la enfermedad cerebrovascular subyacente, evidenciada por factores de riesgo vascular mayores o lesiones de la sustancia blanca en la neuroimagen; puede tener un deterioro cognitivo más pronunciado y una mayor progresión a síndromes de demencia o una mayor resistencia al tratamiento. (Naishmith, 2012)

La depresión de la última etapa de la vida es altamente prevalente en todo el mundo. Además de ser una enfermedad debilitante, es un factor de riesgo de exceso de morbilidad y mortalidad. Los adultos mayores que la padecen corren el riesgo de tener demencia, enfermedad coronaria, accidentes cerebrovasculares, cáncer o de suicidarse. Las personas con depresión tardía a menudo tienen una importante comorbilidad médica y una mala adherencia al tratamiento.

A pesar de que el TDM es un padecimiento psiquiátrico común, en muchas ocasiones existe dificultad para que el clínico identifique de manera adecuada las características de este trastorno en el adulto mayor debido a la presencia de enfermedades comórbidas que confunden los síntomas con características propias de otros padecimientos. Esto puede retrasar el diagnóstico y tratamiento oportuno de dicha afección.

Aunque en muchas ocasiones el paciente presenta todos los síntomas clásicos establecidos para los trastornos depresivos, existen casos en los que las características clínicas del TDM pueden variar.

A diferencia del paciente joven, en el anciano es más frecuente encontrar problemas cognitivos que -debido a su gravedad- puedan dificultarle la realización de sus actividades normales, además de mermar su salud física y mental.

Por otro lado, los síntomas depresivos pueden ser tan leves que causen ligero malestar y no alejen al paciente de su quehacer diario, o tan severos que provoquen un cambio en la funcionalidad y estilo de vida.

En el caso del señor Saúl, muchas de las actividades diarias que acostumbraba a realizar fueron desapareciendo poco a poco hasta dejarlas casi por completo.

En el anciano, la solicitud de la consulta psiquiátrica frecuentemente es realizada por algún familiar en vez de por el paciente. Esto se debe a que en muchas ocasiones no aceptan su sintomatología o incluso no la notan. Sin embargo, hay veces en las que el anciano toma la decisión de acudir, lo que cobra vital importancia y ayuda en gran medida a su mejoría y rehabilitación.

Cuando la persona se percata de su sintomatología puede llegar a vivirla como algo normal y sin dar tanta importancia a la afectación que genera en su vida y en su relación con el medio que lo rodea.

En este caso, el señor Saúl decidió acudir a consulta tras las sugerencias recibidas, pues se hizo consciente de que la sintomatología lo limitaba a continuar con sus actividades.

Si la persona que padece alguna situación estresante no solicita ayuda, muchas veces el apoyo familiar se torna difícil, aunque no imposible. Sin embargo, cuando el sujeto que padece una condición como un TDM solicita el apoyo, llega a ser más fácil el manejo y la atención.

En una ocasión me pidieron acudir a una casa de asistencia para valorar a una mujer que llevaba dos años viviendo ahí. El motivo de la consulta fue porque estaba triste y no se quería levantar de la cama.

La señora -de 67 años- era viuda y madre de una mujer y tres varones. De joven estudió hasta la preparatoria y no continuó debido a que decidió casarse y su marido prefirió que se dedicara a las labores del hogar.

Estuvo casada durante más de 40 años con un hombre al que aseguró amar con todas sus fuerzas hasta que la muerte los separó. Trabajaron juntos durante gran parte de su vida; mientras él guiaba la empresa familiar, ella la administraba.

Según la señora siempre tuvieron una buena relación a pesar de que él tenía carácter fuerte y en ocasiones ella sentía miedo de sus enojos. Nunca sufrió violencia física.

Desde su juventud había cursado síntomas depresivos, mismos que le impedían realizar sus actividades al grado de no permitirle cuidar de sus hijos. Durante la agudización de los síntomas era evidente la presencia de hiporexia (disminución parcial del apetito) y del miedo a encontrarse sola o a salir a la calle. No obstante, alrededor de los 40 años comenzó a ser medicada, mejorando y manteniéndose estable durante un largo periodo.

Alrededor de los 50 años nuevamente comenzó con cambios y fluctuaciones en el estado de ánimo que coincidieron con el momento en el que sus hijos empezaron a realizar sus vidas fuera de casa. En ese momento fue necesario ajustar el tratamiento y, por momentos, fue difícil estabilizarla.

Tras la muerte de su esposo los síntomas depresivos regresaron causándole gran afectación cognitiva. Estaba muy triste, enojada y fatigada; pasaba días recostada en la cama, incluso sin comer. Dejó de leer, de pasear por la ciudad o de salir a centros comerciales o a restaurantes.

Algunos recuerdos le parecían nublados; incluso le fue imposible recordar el momento en el que discutió con uno de sus hijos a tal grado que tomó sus cosas y se fue a vivir a casa de su hermana por un lapso de varios meses durante los que por momentos parecía haber mejorado de su depresión, pero un día despertó y decidió que lo mejor para ella era vivir en un asilo, por lo que a partir de entonces buscó el mejor lugar de acuerdo a su condición.

La mujer aseguraba sentir que vivía en un sueño sin saber si se debía a la medicación o por su profunda tristeza. A pesar de que pudo deberse a ambas situaciones, en ese momento no había documentación de medicamentos que justificaran la provocación de dicha sintomatología. Al preguntarle a su hijo, comentó que las dosis que estaba tomando eran bajas, por lo que no se justificaba el hecho de que no recordara las cosas.

Durante el tratamiento fue necesario visitarla varias veces. Desde el inicio enfaticé en investigar los síntomas sugestivos de deterioro neurocognitivo con la realización de pruebas neuropsicológicas, sin embargo, tras realizarlas, la psicóloga determinó que no tenía ninguna alteración.

Años atrás se había sospechado demencia, por lo que se le prescribió medicamento para evitar mayor deterioro cognitivo; sin embargo, tras el ajuste a su medicación antidepresiva mejoró demasiado, por lo que se retiró el medicamento anti-demencial y, al estabilizarse los síntomas cognitivos, decidió vivir en el asilo para no dar molestias a sus familiares[15].

A pesar de que la señora había padecido y recibido tratamiento para el trastorno depresivo recurrente durante varios años, nunca había

---

[15] En pacientes geriátricos con depresión, el deterioro cognitivo a menudo se desarrolla después de la aparición de los síntomas del estado de ánimo. Se han detectado cambios en la cognición en más del 59% de los individuos no dementes con depresión de inicio tardío. Custodio, Nilton, Herrera-Pérez, Eder, Lira, David, Montesinos, Rosa, Mar, Marcela, Guevara-Silva, Erik, Castro-Suárez, Sheila, Cortijo, Patricia, Cuenca-Alfaro, José, Nuñez del Prado, Liza, Depresión en la tercera edad como factor de riesgo y su posible rol como pródromo de demencia. Revista de Neuro-Psiquiatría [en linea] 2014, 77.

presentado sintomatología cognitiva tan fuerte como la de ese momento.

Durante aproximadamente tres años tuvo problemas de memoria, atención, concentración, confusión, anhedonia (incapacidad para experimentar placer), entre otros síntomas, por lo que pasaba días acostada en la cama, realizando pocas actividades. Esto se confundió con demencia; sin embargo, era algo llamado pseudodemencia, que es un tipo de depresión con síntomas cognitivos tan severos que simulan demencia, pero que, a diferencia de esta, es de inicio agudo y presenta una historia personal previa de depresión.

Con el transcurso del padecimiento presentó fluctuación y quejas subjetivas de disfunción cognitiva sin alteración en el comportamiento. Mejoró con el tratamiento antidepresivo, por lo que se descartó demencia.

A pesar de que la mujer recibía las mejores atenciones por parte de su hermana y de sus hijos, el cuadro depresivo en el que se encontraba inmersa solo le dejaba ver su soledad y ya no se sentía útil para seguir viviendo cerca de su familia. Ella, a diferencia del señor Saúl, cursaba con un padecimiento médico, pues fue diagnosticada con enfisema pulmonar, aunque dicha condición no justificaba la presencia de los síntomas depresivos ni cognitivos.

Dos meses antes de mi primera visita tuvo una infección gastrointestinal y diarrea por un lapso de dos días, situación que la postró en cama. A pesar de que a los pocos días la sintomatología había cedido y ella había mejorado considerablemente, tuvo dificultad para levantarse. A partir de ese momento se mantuvo sin querer pararse o moverse.

El problema médico fue resuelto casi inmediatamente. Tuvo una buena medicación y estabilidad del problema respiratorio, pero, a pesar de ello, tuvo exacerbación de los síntomas depresivos.

La mujer refirió que -al notarse enferma e indefensa- comenzó a tener miedo a morir, pero también a vivir. Dicho miedo le provocaba falta de motivación, desgana y llanto. Sin duda alguna el problema médico agravó el cuadro psiquiátrico.

En su caso fue evidente que los trastornos comórbidos asociados, junto con la polifarmacia, exacerbaron el trastorno de ánimo. Su tratamiento se centró en la estabilidad de los factores médicos y, posteriormente, en la de los síntomas psiquiátricos. Una vez que mejoró, acudió a psicoterapia centrada en factores familiares y sociales, es decir, en la relación con su hermana, sus hijos y con el personal del asilo.

Poco a poco fue mejorando al grado en que comenzó a comer mejor, a leer e incluso a salir a los paseos semanales del asilo. La recuperación anímica fue lenta, pero fructífera. Mejoró su peso, su actitud ante la vida y, sobre todo, poco a poco fue mejorando sus relaciones interpersonales.

Como vemos, no todas las manifestaciones de depresión son iguales. Algunas presentan ansiedad, síntomas melancólicos, atípicos, psicóticos congruentes o no congruentes con el estado de ánimo, catatonia, con inicio en el periparto o con patrón estacional. Incluso, la severidad varía y puede ir desde leve hasta grave.

Asimismo, la presentación de los síntomas dependerá de la concomitancia con algún otro problema psiquiátrico o de la presencia de problemas de otra índole como enfermedades metabólicas como diabetes mellitus o hipotiroidismo, enfermedades cardiovasculares, problemas oncológicos, problemas neurológicos como trastorno neurocognitivo leve o mayor, enfermedad de Parkinson o enfermedad de Huntington, entre otras. Ante ellos existe la necesidad de un examen exhaustivo y un buen interrogatorio, pues muchas variables influyen en la mejoría de los pacientes.

Actualmente las teorías neurobiológicas acerca de la depresión han sido ampliamente informadas por estudios detallados de genética, neuroimagen, neuropsicología, patología e intervención. Estos indican que las anomalías estructurales y funcionales dentro de las principales redes neuronales fronto-subcorticales sustentan muchos de los fenómenos clínicos. Al mismo tiempo, los avances en neurociencia molecular, celular y de sistemas han enriquecido modelos biomédicos más avanzados que se extienden mucho más allá de las perturbaciones de los sistemas mono-amina tradicionales, incluyendo neurotrofinas alteradas, disfunción del sistema endocrinológico e inmunológico, procesos inflamatorios y alteraciones en la expresión génica. (Naishmith, 2012)

Depresión vascular.

Aunque este no es un padecimiento catalogado en el DSM, es un problema que ha sido descrito, que se encuentra de forma frecuente y que es secundario a lesiones de origen vascular. Este tipo de depresión atacó al señor Víctor Manuel, un hombre de 59 años que se desempeñaba como chofer de tráiler.

Siempre se había caracterizado por ser muy trabajador, productivo, responsable y de carácter firme. Como único factor médico de importancia, vivía con hipertensión arterial desde hacía más de 5 años. Aparentemente había tenido buen control de los síntomas, aunque frecuentaba al médico únicamente cuando tenía molestias.

Pocos meses antes de la primera consulta, su hija menor se embarazó y casi de manera inmediata decidió interrumpir el curso de la gestación.

Dicha decisión no le agradó al señor Víctor Manuel pues, aunque el embarazo se desarrollaba dentro de una relación de noviazgo que no fue muy conveniente según sus costumbres familiares, estaba dispuesto a soportar la situación. Sin embargo, aceptó lo que sucedía y la decisión de su hija con mucho dolor.

El duelo sufrido por el aborto de su hija duró alrededor de dos meses; sin embargo, tras varias semanas de estar bien, Víctor Manuel presentó sintomatología depresiva caracterizada principalmente por desgana, falta de motivación, disminución en la calidad de su energía, pensamiento lento y dificultad para realizar sus actividades con la misma velocidad y para pensar. Un mes después comenzó con psicosis. Expresaba ideas que para los familiares no tenían sentido y se comportaba diferente, por lo que tuvo que abandonar su trabajo.

Al principio fue tratado de manera ambulatoria, pero al no mostrar mejoría requirió ser ingresado en un hospital psiquiátrico.

A la semana de internamiento se le quitaron los síntomas psicóticos, pero continuaba sin motivación y energía para realizar actividades. Refería sentirse así sin saber por qué. Se trataba de algo nuevo en su vida.

Durante la hospitalización se le realizaron estudios sanguíneos de laboratorio, mismos que mostraron dislipidemia. También se le realizó una tomografía axial computadorizada (TAC) en la que se encontraron lesiones vasculares muy pequeñas en la región frontal, pero, fuera de esto, no se encontró algo más.

El curso de su recuperación fue lento, pero poco a poco mostró mejoría. A pesar de ello fue necesario realizarle ensayos terapéuticos a fin de establecer el mejor tratamiento, además de rehabilitación neuropsicológica ya que, mediante la realización de evaluaciones psicológicas, se demostró que presentaba algunas fallas que, si bien no eran de vital importancia, era necesario atender para mejorar su desempeño cognitivo.

Aunque en muchas ocasiones es fácil establecer un diagnóstico mediante la unión de todos los síntomas relacionados, establecer la causa que provoca la depresión no es tan sencillo, para esto debe existir la sospecha clínica ante los detalles que vislumbran el diagnóstico más preciso.

La depresión de tipo vascular es una entidad nosológica en la que se vinculan fuertemente la presencia de lesiones en sustancia blanca, factores de riesgo vascular y depresión. Esta, además de presentarse en edades tardías de la vida, neuropsicológicamente engloba el síndrome depresivo disejecutivo, presenta resistencia al tratamiento, cambio psicomotor, menos antecedentes familiares de trastorno afectivo, deterioro cognitivo (particularmente disfunción ejecutiva) y mayor progresión a la demencia. (Naishmith, 2012)

Las características neuropsicológicas de la depresión tardía se centran en un perfil fronto-subcortical, en las funciones ejecutivas, la velocidad de procesamiento, el aprendizaje y la memoria que pueden verse afectados. Los déficits pueden persistir a pesar de la resolución de los síntomas y pueden reflejar enfermedad cerebrovascular subyacente, efectos perjudiciales específicos de la enfermedad o cambios neurodegenerativos tempranos. El fenotipo de inicio tardío puede tener un deterioro cognitivo más pronunciado y una mayor progresión a síndromes de demencia. (Naishmith, 2012)

Para las personas mayores se debe poner mayor énfasis en evaluar el papel de las intervenciones informativas, psicológicas, conductuales, sociales, entre otras. Esto es particularmente relevante dada la gran cantidad de cambios de roles que enfrentan las personas mayores, así como factores como la aflicción y el duelo, la aparición de problemas de salud física concurrentes, la falta de actividad física, cambios en el sistema circadiano y de sueño, aumento del aislamiento social y la discapacidad directamente atribuible a otras dificultades médicas. (Naishmith, 2012)

A fin de cuentas, la depresión vascular es consecuencia de gran cantidad de factores biológicos, constitucionales, evolutivos, ambientales e interpersonales en los que los cambios a nivel cardiovascular cobran vital importancia ante los daños generados en el parénquima cerebral. Es importante establecer este diagnóstico en caso de su presencia a fin de dar un tratamiento que prevenga la mayor cantidad de daño a nivel cerebral.

Si bien la depresión es un padecimiento bien conocido, en muchas ocasiones no se le da la importancia que requiere y se minimiza. Por tanto, es menester del médico o del tratante del paciente investigar las causas del padecimiento para así determinar el tratamiento a seguir e identificar los riesgos posibles.

Otra de las condiciones que cobra vital importancia a revisar en el paciente con TDM es el suicidio. Aunque estadísticamente sabemos que su prevalencia es más alta entre hombres de 65 años o más y entre jóvenes de entre 15 y 24 años (Velásquez-Suarez, 2013), esta situación no es tan considerada debido a los tabúes que existen alrededor de ella, además del pensamiento general que tenemos acerca de que un anciano ´ya vivió y ya le tocaba morir´.

Las tasas de suicidio son altas en las personas mayores. Aproximadamente el 90% de todos los suicidios están precedidos por trastornos psiquiátricos, principalmente el trastorno depresivo.

Se ha visto que los ancianos que se suicidan presentan menor carga familiar de depresión, menos alteraciones pre-mórbidas de la personalidad y más factores de riesgo vascular, hiperintensidades de la sustancia blanca en la neuroimagen, déficits cognitivos concomitantes y resistencia a la monoterapia con antidepresivos iniciales.

Las principales diferencias encontradas entre pacientes con depresión de inicio temprano y de inicio tardío fueron que los pacientes con depresión de inicio tardío que mueren por suicidio tienen significativamente menos probabilidades de tener un historial de trastornos psiquiátricos comórbidos (como trastornos de ansiedad y por abuso de alcohol), menos probabilidades de tener un historial de autolesiones y menor prescripción de drogas psicotrópicas. Por lo regular, es más probable que las personas que presentan depresión de inicio tardío hayan experimentado un evento de vida estresante en los tres meses anteriores a su suicidio. (Oude-Voshaar, 2011)

Sin embargo, hay que tomar en cuenta que el valor de una vida no depende de los años que tenga, sino de la vida misma, y es por eso que es necesario investigar en cada anciano las situaciones que disminuyen su felicidad o que merman su calidad de vida, así como la sintomatología afectiva depresiva.

Se sabe que, a diferencia del grupo más joven, en la conducta suicida del anciano se presentan menos intentos de suicidio y métodos más letales como ahorcamiento, precipitación, atropellamiento, disparo con arma de fuego, ingestión de tóxicos, asfixia, intoxicaciones, cortes o apuñalamientos, además de menores señales de aviso, mayor planeación que impulsividad y -finalmente- conductas de suicidio pasivo como clinofílicas, la nula ingesta de alimentos, no adherirse a regímenes farmacológicos, soledad, entre otros. (Pérez, 2012)

Los métodos más comunes de suicidio en el anciano son el ahorcamiento o la estrangulación, seguido de envenenamiento y ahogamiento. Los fármacos más comunes utilizados en la autointoxicación son los antidepresivos, seguidos del paracetamol en forma pura o combinados con codeína, otros analgésicos y sedantes hipnóticos. (Oude-Voshaar, 2011)

A menudo la depresión coexiste con otras condiciones médicas que debemos investigar. Algunas de ellas son: enfermedades neurológicas, endocrinológicas, cardiovasculares, reumatológicas, infecciosas, oncológicas, déficits vitamínicos, uso de fármacos (cardiovasculares, anti-infecciosos, antinflamatorios, hormonas, antineoplásicos, psicofármacos) y uso de sustancias. Esto puede alterar la forma de presentación del cuadro además de enmascarar síntomas. (Artiles-Pérez, 2009)

Actualmente sabemos que existe gran variedad de tratamientos para la depresión; sin embargo, cada uno se debe ajustar a las características propias del paciente siguiendo las guías clínicas establecidas. Además, junto con medicamentos antidepresivos, el manejo psicológico es fundamental ya que utilizar medicación junto con terapia psicológica tendrá como resultado el aumento en la eficacia del tratamiento.

Además de los medicamentos antidepresivos pueden realizarse combinaciones con ansiolíticos o antipsicóticos si es el caso, o hasta otras nuevas alternativas como estimulación magnética transcraneal y estimulación del nervio vago, entre otros.

Es necesario entender que la depresión, al igual que otros

padecimientos, no debe ser un padecimiento tomado a la ligera, ya que de evolucionar puede tener consecuencias catastróficas para el paciente y sus familiares, pero de ser tratada de manera adecuada podrá desaparecer y dar nueva luz al mundo oscuro del paciente.

CAPÍTULO 6

UN GOBERNADOR EN EL ASILO: ENTRE LA MANÍA Y LA DEPRESIÓN

El señor Dionisio estaba hospitalizado por tercera ocasión, pero era la primera vez que me mentaba la madre y llenaba de insultos a todo el personal. Esa mañana, al acercarme, escuché una voz que me decía: «Ven, hijo de tu chingada madre, a ver si muy hombrecito». Al principio pensé que le estaba hablando a alguien más, pero me percaté de que era a mí a quien se dirigía.

Como estaba muy alterado, golpeando objetos y tocándose los genitales frente al personal sin ningún decoro, tuvimos que sujetarlo a su cama a fin de que no se lastimara o que le hiciera daño a alguien más. Dicha situación no me ofendió en lo absoluto, pues sabía que era parte de un episodio de manía, pero sin duda me llenaba de asombro debido a que, en esa ocasión, la manifestación de su enfermedad era diferente a las demás.

Conocí al señor Dionisio en internamientos previos en los que se había mostrado ligeramente irritable y con aires de grandeza. Presentaba disminución en la necesidad de dormir y, a pesar de la irritabilidad, era totalmente manejable.

De los tres internamientos que había tenido mientras me encontraba en el servicio, era la primera vez que lo veía tan agitado, enojado y con conductas sexuales inapropiadas tan evidentes. Se masturbaba y caminaba con los genitales fuera del pantalón sin importarle que lo vieran. Además, llamaba a las enfermeras para que se le acercaran con la finalidad de tocarles el pecho o el trasero sin reparo.

Según comentó su ex esposa, ya había sido violento durante otros episodios de manía, aunque eso no era lo usual. En esa ocasión, antes de ser ingresado la había agredido, y también al vigilante del fraccionamiento en donde habitaba, a veces verbalmente, a veces físicamente, pero sin consecuencias catastróficas. Con el vigilante no pasó de empujones y bofetadas, con ella solo era agresión verbal.

Durante las ocasiones previas en las que fue internado sus síntomas únicamente eran exaltación del estado de ánimo caracterizada por euforia y aumento en la energía, mismas que lo llevaban a trabajar mucho y dormir poco. Aunado a ello tenía ideas delirantes de grandiosidad y superioridad que le hacían sentir que no había algo que no pudiera hacer; hablaba rápido y refería que sus pensamientos eran rápidos e incontrolables, es decir, experimentaba lluvia de ideas y fuga de estas, lo que le generaba dificultad para retener y fijar sus pensamientos.

Otra de las características de sus episodios era que comenzaba a gastar mucho dinero en compras absurdas o innecesarias, mostrando un inadecuado control sobre su impulso a las compras. En esos momentos no tenía consciencia del impacto de dichos gastos, mismos que -en conjunto con los egresos generados por sus hospitalizaciones- fueron mermando su economía.

En la etapa más productiva de su juventud -que fue justo cuando inició su padecimiento- los síntomas de exaltación del estado de ánimo, la gran producción de ideas y la energía, lo habían llevado a realizar grandes proyectos con negocios favorables, buenos tratos y grandes ganancias, pero con el paso de los años y la llegada de cada uno de sus episodios de manía, su economía fue decayendo y poco a poco fue perdiendo lo que había ganado. Sus hermanos, a quienes había ayudado en sus momentos de necesidad, se aprovecharon de su enfermedad, quitándole de a poco lo que durante años había trabajado.

Por otro lado, su ex esposa, a pesar de haber vivido a su lado tantas dificultades debido a los episodios tanto maniacos como depresivos, nunca lo dejó solo o a merced de su suerte. Aunque no vivían juntos, ella siempre estuvo ahí para auxiliarlo sin importar lo difícil que se tornaba cuidarlo en sus peores momentos.

Cuando lo conocí, Dionisio llevaba más de 30 años diagnosticado con trastorno bipolar tipo I y con tratamientos que lo habían mantenido estable, pero el paso de los años comenzó a cobrar factura y el envejecimiento físico y cerebral que experimentó le generó mayor deterioro. Sus síntomas se mostraban más exagerados y problemáticos; el sufrimiento era cada vez más insoportable, tanto para él como para las personas que lo rodeaban.

Al analizar la historia de Dionisio, pudimos saber que contaba con diagnóstico de trastorno bipolar. De acuerdo con el DSM-5 (2013) El trastorno bipolar es una de las perturbaciones del ánimo que se caracteriza por la presencia de estados maniacos, hipomaniacos y depresión. Se clasifica en trastorno bipolar tipo I (TBP I) cuando se cumplen criterios para episodio de manía y antes o después del episodio maniaco pueden haber existido episodios hipomaniacos o de depresión mayor, y bipolar tipo II (TBP II) cuando se cumplen los criterios para un episodio hipomaniaco actual o pasado y para un episodio de depresión mayor actual o pasado. Dentro de este espectro de trastornos también se encuentran:

- Trastorno ciclotímico.
- Trastorno bipolar y trastorno relacionado inducido por sustancias o medicamentos.
- Trastorno bipolar y trastorno relacionado debido a otra afección médica.
- Otro trastorno bipolar y trastorno relacionado especificado.
- Trastorno bipolar y trastorno relacionado no especificado.

Los cambios que Dionisio sufrió durante el último año se debían en gran parte al poco apego a su tratamiento y al deterioro cerebral que parecía aumentar a gran velocidad.

Sabíamos -por el interrogatorio realizado a su ex esposa y por su desempeño durante los lapsos de tranquilidad- que era una persona inteligente y de gran raciocinio, pero desafortunadamente, durante la tercera hospitalización, el cambio y decremento cognitivo que presentó fue abismal. Algo pasaba en su cerebro que lo deterioraba cada vez más. Entre la edad y el trastorno bipolar fueron cerrándole las puertas a su buena cognición.

::::::::::

Actualmente, hablar de bipolaridad es parte del vocabulario popular; sin embargo, el concepto no está adecuadamente entendido por muchas personas. Es común escuchar frases como: «eres bipolar», «su comportamiento y/o personalidad es bipolar», «tiene corazón bipolar», entre otras, refiriéndose a que en un momento se tiene un estado de ánimo o una opinión y en otro momento o días después otro totalmente distinto.

Si bien es cierto que las personas pueden cambiar de humor y sentir varias emociones durante el día, de manera normal esto no debe generar disfunción real. Cuando el manejo de las emociones no es el óptimo, puede deberse a trastornos de la personalidad, a mal manejo de la frustración o a algún otro padecimiento psiquiátrico, pero no siempre a la presencia del trastorno bipolar. Lo cierto es que, como sociedad, hemos diluido el verdadero significado de tantos conceptos que es muy fácil utilizarlos sin entender el contexto para el cual fueron creados. Este es el caso del término ´bipolar´.

El trastorno bipolar es característico de los padecimientos de salud mental. Ha sido estudiado durante muchos años y actualmente se considera que para clasificar a una persona dentro de este trastorno es necesario que cumpla con los criterios de manía, hipomanía y depresión; cada uno con sus características específicas.

El episodio maniaco se caracteriza por un periodo definido de estado de ánimo anormalmente persistente y elevado, expansivo o irritable y un aumento anormal y constante de la actividad o la energía dirigida a un objetivo que dura como mínimo una semana y está presente la mayor parte del día durante casi todos los días. Además, durante este periodo existen tres o más de los siguientes síntomas: aumento de autoestima o sentimiento de grandeza, disminución de la necesidad de dormir, más habladuría de lo habitual, fuga de ideas, facilidad de distracción, aumento de la actividad dirigida a un objetivo y participación excesiva en actividades que tienen mucha posibilidad de consecuencias dolorosas. (DSM 5, 2013)

Por otro lado, los episodios hipomaniacos se caracterizan por un periodo definido de estado de ánimo anormalmente persistente y elevado, expansivo o irritable y un aumento anormal y persistente de la actividad o la energía dirigida a un objetivo que dura como mínimo cuatro días consecutivos. Además, durante ese lapso persisten al menos tres o más de los siguientes síntomas: aumento de autoestima o sentimiento de grandeza, disminución de la necesidad de dormir, mayor interacción verbal de lo habitual, fuga de ideas, facilidad de distracción, aumento de la actividad dirigida a un objetivo y participación excesiva en actividades que tienen mucha posibilidad de tener consecuencias dolorosas. (Sickel, 2014)

Durante los episodios maniaco e hipomaniaco, los síntomas son tan evidentes que representan un cambio significativo respecto al comportamiento habitual, alterando el estilo de vida. Por lo regular el paciente muestra una elevada autoestima y superioridad que sale de lo normal. El inicio del padecimiento puede mostrarse de diversas formas, con cambios en la energía, alteraciones en el sueño, presencia de ideas de grandiosidad, entre otras.

En una ocasión uno de mis pacientes aseguró ser enviado por Dios y tener la capacidad de cambiar el mundo a través de mensajes emitidos con el pensamiento a las personas malas. Decía que todos -a excepción de él- éramos malos, por eso se le había encomendado la misión de hacernos entender que debíamos cambiar. Dicha situación lo llevó a subir a su azotea y permanecer en oración durante varios días.

Lo anormal de esta situación no solo fue la religiosidad o la idea de ser enviado por Dios, sino que además, mostró un cambio abrupto en su comportamiento, su forma de pensar y las funciones de su organismo. De un día a otro casi no dormía, no comía y pasaba horas bajo el sol o la lluvia. También dejó de bañarse por varias semanas, no iba al baño ni a orinar ni a defecar y solo se mantenía sentado sobre el techo de la casa mirando al cielo. Esto le provocó quemaduras por el sol, pero ni así se apartó de su sitio. Era evidente el episodio de manía. Por tal motivo tuvo que ser llevado a revisión médica y posteriormente psiquiátrica.

Por otro lado, dentro de un episodio de hipomanía las ideas de grandiosidad y la energía presente pueden generar que el paciente se enfoque en actividades productivas con mayor frecuencia que en los episodios de manía. En el caso del señor Dionisio fue evidente que llegaba a ser muy productivo en sus episodios de manía, pero no en todos los pacientes es así. La mayoría de las veces, durante los episodios de manía, la disfunción presente es más difícil de controlar, mientras que la posibilidad de realizar actividades que tengan un fin será casi nula.

Otro tipo de ideas que se presentan durante un episodio maniaco o hipomaniaco son las místico-religiosas, es decir, aquellas en las que la persona se cree enviada por Dios o la virgen María, o que considera tener algún poder especial que no puede ser corroborado.

En una ocasión tuve la oportunidad de atender a un varón que refería haber recibido un mensaje divino acerca de que todas las personas del mundo éramos pecadoras y que él tenía la misión de enseñarnos la palabra de Dios. Además, según comentó, había recibido el don de la curación mediante la imposición de sus manos en las personas enfermas. Para poder curarlas no había necesidad de pedírselo o no, por lo cual llegaba y tocaba en la cabeza a cuanta persona se cruzaba en su camino, incluso a pesar de la molestia de muchos. Tampoco era necesario creer en la existencia de Dios para que fueran curados.

Algunas veces las ideas de grandeza pueden no tener repercusiones negativas. Eso le pasaba a un anciano de 78 años que conocí en un asilo; aunque no sufría trastorno bipolar como enfermedad primaria, tenía síntomas maniacos secundarios derivados de un problema hepático. Tenía dificultad para mantenerse dormido, aumento de actividad intencionada, fuga de ideas, verborrea, pero lo más característico era que decía ser el próximo gobernador de su estado de origen.

En una ocasión me comentó que se mantenía en ese lugar en espera de instrucciones para salir y gobernar. Todo el personal sabía que había un gobernador en el asilo.

Por otro lado, además de la euforia puede mostrarse irritabilidad, mejor conocida como disforia, es decir, la sensación de malestar general y, específicamente, un estado depresivo que incluye ansiedad e inquietud (Vallejo-Ruiloba, 1999). Ante ello, el paciente muestra enojo que normalmente genera peleas con sus familiares y dificultad para socializar. Esto va de la mano de impulsividad e imprudencia.

Además de disforia o irritabilidad el paciente llega a presentar cambios claros en la necesidad de dormir. Dionisio, por ejemplo, podía pasar hasta tres días durmiendo pocas horas sin mostrar sueño o cansancio. De igual manera llegaba a comer poco, por lo que con cada episodio podía disminuir hasta 10 kg. en dos semanas.

Es común que durante un episodio maniático la persona presente verborrea, es decir, el uso excesivo de palabras para comunicarse. Frecuentemente este aumento en la velocidad del habla se debe a que el pensamiento marcha a la misma velocidad, por lo que no es posible retener los pensamientos de manera adecuada y, al expresarse, las ideas se muestran confusas.

El aumento en la velocidad del pensamiento puede generar distracciones con estímulos que pueden considerarse relevantes y no serlo.

El paciente con episodios maniáticos por lo regular presenta aumento de la actividad dirigida a un objetivo. El señor Dionisio, en su juventud, supo aprovechar la situación para ser productivo y realizar buenas negociaciones. Sin embargo, con el paso del tiempo su estado cambió, generándole la necesidad de mantenerse en movimiento de un lado a otro, pero durante el último internamiento en que tuve oportunidad de verlo, esta situación cambió. Ahora mostraba hipersexualidad, el aumento de actividad intencionada lo llevaba a satisfacer la necesidad de placer sexual, a pesar de que ello fuera de manera inapropiada, al grado de masturbarse frente al personal del hospital.

El trastorno bipolar no siempre toma el mismo curso en quienes lo padecen. Cada persona sufre cambios debido a la influencia de factores genéticos, epigenéticos, sociales, polifarmacia, uso de sustancias, entre otros. La presencia de los síntomas depresivos o de manía pueden ser graves al grado de causar deterioro importante en el funcionamiento social o laboral, requiriendo hospitalización.

A diferencia del señor Dionisio, otro de mis pacientes tenía episodios de manía que había logrado controlar durante más de 30 años. Desafortunadamente, cinco años antes de atenderlo sufrió problemas renales, por lo que fue necesario cambiar el tipo de medicamento con el que se mantenía controlado. Tras dicho cambio se estabilizó ligeramente, pero, a pesar de todo, se seguía sintiendo desganado.

Durante el transcurso de su padecimiento el paciente había batallado principalmente con episodios depresivos y algunas veces con cuadros maniáticos. Cuando llegó a mi consultorio estaba estable, aunque presentaba ligeros datos de anhedonia.

Su médico había tenido a bien ajustar su tratamiento, pero no pudo continuar atendiéndolo debido a que emigró, por lo que acudió a mí para dar seguimiento a su trastorno.

Me comentó que se sentía estable, pero que le hacía falta ´fibra´, es decir, le faltaban ganas y motivación para realizar actividades. Con el paso del tiempo se mantuvo con ligera mejoría y sin presencia de episodios de manía o depresión. Sin embargo, a diferencia del señor Dionisio, su envejecimiento físico y cerebral era favorable, se mantenía en actividades familiares y religiosas y ocasionalmente leía, aunque tenía dificultad para retener los datos de sus lecturas. Afortunadamente, su padecimiento no había fluctuado demasiado con el envejecimiento.

Diagnosticar el inicio de un trastorno bipolar tras 65 años es un tanto difícil. Por lo regular, cuando alguien manifiesta conductas de manía a esa edad, es necesario que sea estudiado a profundidad ya que en el paciente geriátrico las enfermedades comórbidas -ya sea médicas o neurológicas- pueden hacer que se clasifique como trastorno bipolar a padecimientos que muestren características similares, y si el paciente cursa síntomas psicóticos, es común que sea confundido con esquizofrenia.

Así como en muchos padecimientos psiquiátricos, el trastorno bipolar puede dividirse en aquel que se manifiesta por primera vez en la juventud, manteniéndose persistente, y en el que se manifiesta de nuevo inicio de manera tardía. Ambos presentan diferencias.

Según una definición actualmente aceptada, los casos mayores de 50 años se consideran de inicio tardío, mientras que aquellos que son mayores de 60 años se consideran trastornos maníacos de inicio muy tardío. (Van Gerpen, 1999)

Las mujeres tienen mayor probabilidad de presentar enfermedad bipolar de inicio tardío con alto riesgo cerebrovascular o enfermedad y bajo riesgo de tener un historial familiar de trastorno bipolar cuyos síntomas no suelen atenuarse con el tiempo. Los pacientes mayores pueden experimentar periodos de enfermedad más frecuentes, con menos tiempo en un estado eutímico. Los adultos mayores con bipolaridad tienen un mayor riesgo de deterioro funcional, morbilidad y mortalidad general. (Leistikow, 2017)

Los síntomas de trastorno bipolar en el adulto mayor se han asociado a la presencia de enfermedad neurológica, hiperintensidades de la sustancia blanca (HMH) y atrofia cortical, así como a una menor prevalencia de abuso de sustancias y un mayor grado de heterogeneidad tanto en el transcurso del padecimiento como en el aumento del tiempo de las estancias hospitalarias. (Depp, 2004)

La investigación ha identificado una etiología multifactorial para el desarrollo del trastorno bipolar. Esta enfermedad es causada por influencias biopsicosociales que incluyen anomalías genéticas, perinatales, neuroanatómicas, neuroquímicas y biológicas. Además, los factores psicológicos y socio-ambientales se asocian con un mayor riesgo a padecer trastornos de bipolaridad. (Frey, 2013)

El trastorno bipolar también se asocia con comorbilidades médicas considerables que incluyen enfermedades cardiovasculares y cerebrovasculares, así como metabólicas y endócrinas que -combinadas con morbilidad neuropsiquiátrica en inclinación suicida-reducen la esperanza de vida. (McIntyre, 2004)

Se ha visto que los pacientes con trastorno bipolar que no son tratados con psicofármacos, que no tienen buen apego al tratamiento o no tienen consciencia de su enfermedad, van mostrando deterioro en el funcionamiento cognitivo en el transcurso de los episodios.

Cuando el señor Dionisio estuvo internado, el deterioro cognitivo que experimentaba fue tan evidente que incluso presentó síntomas que antes no se habían mostrado como, por ejemplo, la hipersexualidad. A diferencia de él, mi otro paciente -a pesar de ser casi 20 años más grande- presentaba estabilidad en los síntomas y ligeros cambios en funciones mentales.

El deterioro de cada uno de los pacientes se hará evidente a mayor cantidad de episodios. Los estudios epidemiológicos sugieren que los incidentes repetidos del estado de ánimo -e incluso los síntomas residuales menores- aumentan el riesgo de recurrencias futuras. Los episodios sucesivos, a su vez, producen cambios volumétricos detectables en el cerebro que se han asociado con frecuencia al deterioro de múltiples dominios funcionales. Además, contrariamente a los puntos de vista anteriores, ahora sabemos que los déficits neuropsicológicos a menudo persisten, incluso cuando las personas con el trastorno están en estado eutímico. (Maletic, 2014)

Contrario al señor Dionisio, algunos pacientes se mantienen estables con el tratamiento y pueden llevar a cabo una vida normal. Sin embargo, el cambio cerebral y físico propios del envejecimiento, junto con enfermedades concomitantes, pueden acelerar el proceso neurodegenerativo y, en consecuencia, generar alteraciones cognitivas que se vuelven cada vez más evidentes.

Trastorno bipolar y consumo de sustancias.

Conforme transcurre el trastorno bipolar es común que el paciente se enfrente al consumo de sustancias durante el aumento de la actividad dirigida a un objetivo.

Aunque es más habitual observar dicha conducta en los jóvenes, también se presenta en los adultos y, aunque el consumo no siempre es nocivo, puede generar alteraciones en el metabolismo de los fármacos.

Cuando el paciente tiene en mente que el uso de sustancias es perjudicial para su salud, puede ser benéfico realizar con él un plan de retirada y, en la medida de lo posible, acercarse a los centros de ayuda para el tratamiento de adicciones.

Wendy, una de las pacientes a las que he atendido de manera institucional, llegó a consulta con estabilidad en los síntomas del trastorno bipolar, pero le preocupaba no poder dejar los cigarros.

A sus 60 años, la señora llevaba más de una década con el diagnóstico de trastorno bipolar tipo I. Sus síntomas comenzaron con un episodio de manía precedido por varios depresivos, pero llevaba cinco años estable. Al momento de la consulta solo mencionó desgana, tristeza, ansiedad y, sobre todo, dificultad para dejar de fumar.

Al evaluarla fue evidente que no tenía un episodio depresivo ni maniatiforme, sino únicamente lo referido por ella, además de ligeros síntomas cognitivos evidentes, pero no suficientes como para generar disfunción, aunque sí preocupación por parte de sus familiares. Sin embargo, el problema en la paciente aparentemente no era desestabilización del trastorno.

La señora Wendy estaba preocupada por no poder dejar el cigarro a pesar de querer hacerlo desde hacía varios años. Cada vez que lo intentaba comenzaba a sentirse intranquila, nerviosa, irritable, con hambre, mucho sueño y presentaba ligero aumento de los síntomas depresivos. Por ello decidió ingresar a un programa médico para dejarlo, siempre bajo supervisión psiquiátrica.

Por fin, tras seis meses de tratamiento, la señora Wendy logró su objetivo. Durante el proceso solo tuvo ansiedad que pudo ser controlada adecuadamente.

Casi un año después de afrontar el tabaquismo la paciente se percató de que había podido dejar atrás el consumo de tabaco, entonces también decidió dejar los fármacos; abandonó el medicamento que había consumido desde el principio de su padecimiento y que era indispensable para mantenerla estable.

Casi de inmediato volvió a fumar, aunque en menor medida. Cuando sus familiares lo notaron la llevaron a consulta para reestablecerle los medicamentos propios del trastorno y reingresó al programa contra el tabaquismo.

Nuevamente logró dejar de fumar y los síntomas depresivos y ansiosos desaparecieron, incluso mostró mejoría en las funciones mentales superiores como en la atención, la concentración, el lenguaje e incluso el movimiento.

A pesar de la mejoría episódica de su padecimiento, fue evidente la manifestación de síntomas cognitivos. Nuevamente se le sugirió dejar de fumar y ajustar su tratamiento en beneficio de su salud, pero Wendy retomó su intención de abandonar el tratamiento, por lo que los síntomas depresivos reaparecieron y tuvo que ser hospitalizada.

Desafortunadamente, Wendy abandonó el tratamiento en múltiples ocasiones para volver a iniciar el consumo de tabaco. Esto tuvo consecuencias negativas para su estado cognitivo, que poco a poco fue decayendo. Le fue muy difícil entender que para ella era necesario continuar con la medicación.

Los fármacos actualmente utilizados son una buena herramienta para estabilizar el estado de ánimo y el comportamiento del paciente. No obstante, uno de los problemas a los que nos enfrentamos los médicos es al apego al tratamiento. En ocasiones el paciente en estado de manía o hipomanía, tras experimentar euforia e incluso estabilidad, abandona el medicamento sin darse cuenta de la repercusión que eso tiene en su salud.

Muchas veces se requiere la combinación de medicamentos para lograr la estabilidad del paciente, pero la mejoría a largo plazo no solo dependerá de ellos, sino de si el paciente y su familia tienen buen conocimiento acerca del padecimiento.

Desafortunadamente, durante los episodios de manía, hipomanía o depresión, el paciente experimenta sintomatología de euforia, irritabilidad o tristeza en el que deja de darse cuenta de la forma en como la enfermedad le afecta y por consecuencia a su entorno. Es durante este momento que las consecuencias para su salud son más grandes. Sin embargo, un tratamiento adecuado y oportuno puede estabilizar los síntomas en gran medida, haciendo que el paciente vuelva a sus actividades de manera normal.

Siempre es y será indispensable hacer énfasis en la toma adecuada de medicamentos y en la no suspensión de los mismos, a fin de evitar recaídas y consecuencias negativas a la salud.

CAPÍTULO 7

ANSIEDAD EN EL ADULTO MAYOR

Ansiedad, intranquilidad y preocupación son algunas de las emociones que llegamos a experimentar durante la vida. Si bien en ocasiones estas nos sirven para desempeñarnos mejor ante las tareas o situaciones de la vida diaria, en otros momentos, la fuerza con la que las experimentamos nos limita el adecuado desempeño de nuestras actividades.

La ansiedad es una respuesta emocional que genera un estado de intranquilidad ante alguna preocupación. Dentro de sus características engloba aspectos cognitivos no placenteros, de tensión y aprehensión, aspectos fisiológicos con alto grado de activación del sistema nervioso autónomo y aspectos motores que suelen implicar comportamientos poco ajustados y escasamente adaptativos. (Miguel Tobal, 1990)

En el DSM-5 los trastornos de ansiedad son un grupo de padecimientos que presentan características similares y comprenden:

- Mutismo selectivo.
- Fobia específica.
- Ansiedad (fobia) social.
- Pánico.
- Agorafobia.
- Ansiedad generalizada.
- Trastorno de ansiedad por separación.
- Ansiedad inducida por sustancias, medicamentos u otra afección médica.

Antiguamente, dentro de este grupo de trastornos de ansiedad se colocaba al trastorno por estrés agudo y postraumático, así como al trastorno obsesivo compulsivo, pero actualmente se sabe que ambas afectaciones -a pesar de compartir algunos síntomas- tienen una etiología diferente.

Hasta hace poco, el concepto de ansiedad en la última etapa de la vida había sido ignorado en la práctica clínica y la comunidad científica. A menudo se cree que esta indiferencia está justificada por el hecho de que los adultos mayores rara vez se presentan a los centros de atención de salud mental; sin embargo, estudios epidemiológicos recientes han demostrado que las tasas de prevalencia de los trastornos de ansiedad de la vida tardía son iguales o superiores a las de los depresivos durante la etapa final. (Schuurmans, 2011)

Existen datos que indican que tanto la neurobiología como la experiencia subjetiva de la ansiedad evolucionan a medida que envejecemos, lo que demuestra que su origen en el anciano puede ser diferente al del joven.

Por tanto, las estimaciones de la prevalencia de la ansiedad en la última etapa de vida, basadas en métodos tradicionales, muy probablemente estén subestimadas.

Los datos convergentes sugieren que la ansiedad está presente en gran número de personas de edad avanzada, pero no necesariamente en una forma fácilmente detectable por las medidas de evaluación disponibles o por los criterios diagnósticos. (Carmin, 2000)

Estudios epidemiológicos demuestran que la mayoría de los trastornos de ansiedad en los ancianos son crónicos y que, a excepción del trastorno de ansiedad generalizada (TAG) y la agorafobia, ocurren antes de iniciar la etapa de senectud. Sin embargo, el TAG tardío no se detecta ni se trata en la atención primaria. (Andreescu, 2015)

A pesar de que es normal experimentar ansiedad en ciertos momentos de la vida debido a que se trata de un fenómeno adaptativo que cumple funciones de alerta y defensa, es necesario identificar cuando es que la ansiedad puede ser excesiva o patológica al manifestarse por un intenso malestar interior tanto físico como psicológico que se traducen en diversos síntomas y preocupaciones.

Muchas personas padecen ansiedad que en ocasiones es enmascarada por otro tipo de sintomatología, esta situación dificulta la adecuada identificación de las manifestaciones del padecimiento, así como el abordaje para su tratamiento, pero también existen ocasiones en las que la sintomatología pura del padecimiento psiquiátrico llega a ser tan fuerte que, a pesar de la adecuada identificación, se vuelve difícil de tratar.

Cada persona experimentará la ansiedad de manera diferente, pero la consciencia que se tenga acerca de sus síntomas dependerá en parte de su aceptación ante las circunstancias que le rodean.

En una ocasión, durante la consulta, una señora comentó: «Usted dígame, doctor, ¿quién no ha sentido ansiedad alguna vez en su vida?». Aunque lo que decía era cierto, era evidente que la paciente no estaba consciente de la ansiedad que manejaba, o simplemente no quería aceptarla.

Dicha señora -llamada Lupita- fue llevaba al consultorio debido a sus excesivas preocupaciones y a cambios en su conducta que habían afectado la dinámica de toda la familia.

La hija que la acompañaba manifestó que en su madre, la presencia de ansiedad e intranquilidad eran síntomas cotidianos; sin embargo, en ese momento eran exageradas.

La mujer de 62 años había laborado como docente desde los 21. Tras cursar la Escuela Normal se dedicó a la docencia a nivel primaria y a sus 27 años encontró a quien sería su pareja por casi 3 décadas. Se casó, tuvo 5 hijos (2 hombres y 3 mujeres) que con el paso del tiempo se apartaron del núcleo familiar para formar nuevas familias. La única persona con la que aún vivía era con su hija menor.

Durante sus años de trabajo Lupita se caracterizó por ser una maestra trabajadora, cumplida y amable, pero exigente. Dos de sus hijos fueron alumnos suyos y, al parecer, había sido difícil estar en casa y en la escuela con ´la generala´, apodo con el que la bautizaron. Era muy firme en sus reglas y a veces inflexible, pero gracias a eso tuvieron la fortuna de terminar la escuela elemental y, posteriormente, asistir a la universidad.

Según su hija, Lupita siempre se había preocupado por la excelencia de sus hijos, por la economía de la familia y por la seguridad de su hogar. A pesar de ser una persona ordenada y prevenida, siempre iba y venía con ´el Jesús en la boca´, rezando para que todo saliera bien. Aunque demostraba su ansiedad, casi toda su atención se volcaba a su trabajo.

Era una persona sana, sin historial de hospitalizaciones. Sus hijos nacieron sin complicaciones. Ocasionalmente acudía con el médico de seguridad social debido a fuertes dolores de cabeza, tensión muscular, colitis, gastritis o mareos, pero mejoraba tras el tratamiento y no volvía más.

-Tomaba omeprazol constantemente para aliviar su gastritis, paracetamol para los dolores de cabeza y la tensión muscular… de vez en cuando se tomaba tecitos para poder dormir o para relajarse…- comentó su hija.

Al llegar a los 60 años, tras cuatro décadas de arduo trabajo y tres años de la muerte de su esposo, decidió jubilarse. Aparentemente su alejamiento del trabajo fue algo sencillo pues, como siempre lo había soñado, era el momento indicado para disfrutar de su vida y viajar.

Lo cierto fue que, al principio, muy animada, planeó un viaje a Estados Unidos y se fue a San Francisco a visitar a un familiar. Contenta por aquel viaje, prometió volver al año siguiente, pero no lo hizo.

Al volver se enteró de que su hija menor había comenzado una relación amorosa con un compañero de trabajo, situación que le incomodó en demasía.

Entonces comenzó a poner mucha atención en los horarios de entrada y salida de su hija. Cuando no volvía temprano a casa, preocupada, la llamaba constantemente hasta lograr que le contestara. Sin importar la razón de la tardanza, Lupita regañaba a su hija y le daba múltiples consejos para que se cuidara.

Durante las noches Lupita no dejaba de asomarse por la ventana para confirmar la llegada de su hija ni de rezar, con la firme idea de que al hacerlo no le pasaría nada ni a ella ni al resto de sus hijos. Algo que parecía habitual y acorde a su manera de ser.

Aunque profesaba la religión católica, nunca había sido asidua a acudir a misa o a rezar, pero en los últimos meses eso había cambiado e iba incrementando.

Con el paso de los meses, las visitas que realizaba al médico para cuidar su salud eran cada vez más frecuentes. A los síntomas que presentaba desde hace años se le sumaron palpitación ocasional, taquicardia y, en ocasiones, aumento en las cifras de tensión arterial, principalmente los fines de semana, días en los que su hija salía de fiesta o a bailar.

Comenzó a mostrarse irritable e intranquila.

-Todo le molesta. Nada le parece- comentó la hija.

La intranquilidad de la que era presa comenzó a quitarle el sueño incluso en los días en los que su hija llegaba a casa a dormir.

Los síntomas de Lupita no solo aumentaron, sino que mermaron la convivencia entre ella y su hija a pesar de justificar su comportamiento con preocupación por su bienestar y el de sus hermanos.

Cada día, antes de que su hija saliera al trabajo, Lupita le daba un sinfín de recomendaciones acerca de llegar temprano, de no platicar con extraños o de cuidarse mientras abordaba el autobús. «Cuídate, hija, te pueden robar la bolsa o, peor aún, te pueden secuestrar. No gastes mucho dinero; la situación está difícil. Evita caminar por las calles oscuras, te pueden violar o matar. Dijeron en las noticias que habrá recorte de personal en las empresas...». Con todo esto, la chica ya estaba harta de los sermones diarios de su madre.

Constantemente tenían discusiones, incluso por las situaciones más insignificantes, pero no fue sino hasta que la hija le comentó a una de sus amigas la situación cuando decidió llevar a su madre con un psicólogo.

Como era de esperarse Lupita negó estar loca como para necesitar a un psicólogo, así que su hija decidió acompañarla con su médico tratante, a quien le comentó toda la situación que había estado sucediendo desde hacía algunos años. Después de esto, fue él quien recomendó su asistencia con un psiquiatra al ver los síntomas.

Lupita y su hija llegaron a regañadientes al consultorio. Ambas expusieron la situación por la que estaban pasando y, sin darse cuenta, pronto comentaron los síntomas que la señora sufría.

Tuve que realizar el interrogatorio con mucha amabilidad y discreción para evaluar cada uno de los síntomas de ansiedad generalizada que sufría. Pude constatar que también tenía síntomas depresivos, pero no eran lo suficientemente graves como para ser diagnosticados como un padecimiento comórbido.

Su ansiedad había sobrepasado su calidad de vida; estaba afectando gravemente su salud y su convivencia con quienes la rodeaban.

Como bien lo comentó Lupita a lo largo de la primera entrevista, las preocupaciones son parte de la vida diaria. Aun cuando no tuviéramos miedo o ansiedad nos sentiríamos indefensos ante ciertas situaciones, convirtiéndonos en presa de cualquier predador.

Durante la vejez, muchas situaciones influirán en la presencia de los síntomas ansiosos. Los principales predictores del trastorno de la ansiedad generalizada de aparición tardía son el sexo (femenino), eventos adversos recientes en la vida, enfermedades médicas crónicas (trastornos respiratorios, padecimientos cardiacos o deterioro cognitivo) y enfermedad mental crónica (depresión, fobias o antecedentes de TAG). Además, la pobreza, la pérdida o la separación de los padres, la genética y un apoyo deficiente en la infancia, también se asocian de forma independiente con el TAG incidente. (Andreescu, 2015)

El hecho de ser mujer influye debido a la carga emocional que tienen de manera cultural, pues es muy grande. A las féminas se les ha dado la facultad de preocuparse por resolver situaciones propias de la casa, entre ellas su propia seguridad y la de su familia, por eso es normal verlas más ansiosas en comparación a los hombres; sin embargo, ambos géneros sufren situaciones como esta, independientemente de si identifiquen el motivo de sus inquietudes o no.

Debido a que las preocupaciones son parte normal de la vida, no todas las personas que sufren ansiedad necesitarán tratamiento, pero, cuando se realiza una valoración, es necesario hacer la exhaustiva investigación clínica, pues en muchas ocasiones los síntomas de ansiedad se encuentran inmersos en la sintomatología de otra patología que debe ser tratada de primera instancia.

Al evaluar a un paciente con posible trastorno de ansiedad, es importante excluir afecciones médicas como padecimientos de origen cardiovascular (por ejemplo: infarto agudo de miocardio, arritmias, insuficiencia cardiaca congestiva o hipotensión ortostática); respiratorio (embolismo pulmonar, enfisema, enfermedad pulmonar obstructiva crónica, asma, neumonía o hipoxia); neurológico (parkinson, epilepsia, disfunción vestibular, delirium o demencia); endócrino y metabólico (hiper e hipotiroidismo, hiper o hipoparatiroidismo, diabetes mellitus, hipoglucemia, feocromocitoma o hiper e hipopotasemia), ya sea inducidas por sustancias o medicamentos, entre otras causas.

También es importante descartar otros trastornos psiquiátricos, el uso de sustancias como cafeína, albuterol, levotiroxina o descongestionantes, así como el uso, abuso o la abstinencia a sustancias psicoactivas que puede presentarse con síntomas similares. (Locke, 2015)

La diversidad de los síntomas que se presentan con el trastorno de ansiedad provoca que constantemente no sea tomado en cuenta como un diagnóstico importante y, por tanto, es relegado a segundo término. Sin embargo, este padecimiento puede provocar alto grado de disfunción.

Además del trastorno de ansiedad generalizada existen otros padecimientos dentro del mismo espectro de ansiedad como ataques de pánico o angustia, fobias sociales y específicas que, si bien son más frecuentes durante edades tempranas, también pueden presentarse en el anciano y no deben ser pasadas por alto.

Una vez un colega me envió al consultorio a un familiar para que fuera valorado ya que tenía un trastorno de ansiedad con más de diez años de evolución.

Su padecimiento comenzó casi al cumplir los 65 años. Un día, el jefe de la empresa en la que laboraba se le acercó y le dijo:

–Manuel, ya casi cumples 65 años, ¿qué te parece si vas juntando tus papeles para revisar el tema de tu jubilación?

En ese instante a Manuel se le vino el mundo encima; sintió recorrer por su cuerpo una sensación de agua helada que nunca olvidará.

Llevaba laborando en la empresa más de 35 años y durante todo ese tiempo había demostrado su buen empeño. Era trabajador, honrado y muy hábil para realizar sus labores. Era el director de la empresa y, por tal motivo, nunca se le había ocurrido que debía jubilarse, por lo que ese día, tras escuchar la propuesta de su jefe, comenzó a sentirse intranquilo y preocupado ante su futuro.

Tenía buen sueldo y, a pesar de que solo debía ocuparse de su manutención y la de su esposa, a partir de su jubilación tendría que conformarse con una pequeña aportación. No tenía idea de a qué se dedicaría al terminar de laborar en la empresa. La rutina que había tenido por más de 35 años cambiaría rotundamente.

De ser el director de la empresa pasaría a ser tan solo un ex director y, a su forma de verlo, ya no sería importante.

Con el paso de las semanas el miedo se apoderó de él. Comenzó a sentirse intranquilo y preocupado por su porvenir. Por momentos sentía que la ansiedad se apoderaba de su cuerpo y comenzaba a experimentar nuevas sensaciones. Los síntomas de su padecimiento comenzaban a hacerse notar y con el tiempo fueron más difíciles de controlar.

La inquietud y el miedo aumentaron. Su humor fue cambiando poco a poco; de ser un hombre de carácter jovial y enérgico, comenzó a tornarse miedoso y evasivo. Diariamente se irritaba y mantenía discusiones con su esposa. Tenía dificultad para dormir y mantener el sueño. Posteriormente se tornó tenso y fatigado.

Su malestar comenzó a deteriorar su relación de pareja y una que otra relación social debido a las constantes quejas; fue entonces cuando decidió acudir por primera vez al médico para una revisión.

Al inicio creyó estar cursando con problemas cardiacos, pues su corazón latía rápidamente y con mucha fuerza; además sentía que le faltaba el aire y se le adormecía el brazo izquierdo, por lo que creyó que algo peor estaba próximo a suceder. Todas estas sensaciones disminuían o desaparecían por momentos.

Visitó a diversos médicos: de medicina interna, cardiología, endocrinología, neurología y, al final, psiquiatría, donde se le realizaron varios estudios de laboratorio e imagen para encontrar la causa de su malestar, pues estaba seguro de que algo malo (quizá la muerte) podría sucederle. Le costó demasiado trabajo hacerse a la idea de que su padecimiento era psiquiátrico.

Después de un par de años de peregrinar con un médico tras otro, fue diagnosticado con trastorno de ansiedad generalizada y de pánico, para los cuales recibió tratamiento y se le remitió con un psicólogo, pero cooperaba poco durante las sesiones y manifestaba que solo se sentiría bien si regresaba a trabajar a su puesto como director, lo que no sucedería.

A pesar de que se sentía mejor con la medicación, no quería aceptar que su paso por la empresa había terminado. Aún después de 10 años de haber dejado la empresa, le fue difícil entender que su vida laboral había llegado su fin. Su cuerpo estaba más tranquilo, pero su mente no.

Durante las manifestaciones sintomáticas de los trastornos de ansiedad todas las personas cursan síntomas diferentes y con distintas causas que les generan sufrimiento o ansiedad.

Aunque, de acuerdo con la gravedad de la ansiedad que padezca, se recomiendan tratamientos específicos, no todas las personas son candidatas al uso de medicamentos. Algunas veces, para muchos, el tratamiento psicoterapéutico es más que suficiente; sin embargo, la revisión periódica de los síntomas nos ayudará a identificar si se requiere la prescripción de alguna sustancia específica en algún momento.

Al igual que Lupita o Manuel, gran cantidad de personas comienzan a sufrir padecimientos psiquiátricos al cambiar de actividades. Al respecto, a lo largo de mi carrera he tenido la oportunidad de observar la manera en la que algunas personas, tras jubilarse, comienzan con síntomas depresivos o ansiosos.

Las situaciones estresantes varían de acuerdo con la vivencia y capacidad de adaptación de cada persona. El vínculo entre el estrés y la depresión se ha observado durante mucho tiempo, especialmente a nivel clínico, donde la exposición crónica a eventos que generan estrés se ha asociado con el desarrollo de síntomas depresivos en ciertos individuos bajo ciertas condiciones. Se ha demostrado que ello depende de las características de los acontecimientos vitales estresantes y de los recursos psicológicos de cada individuo para enfrentarlos. (Tafeta, 2003)

El estrés psicosocial ha sido ampliamente reconocido como un detonante de suma importancia en la expresión de varios síndromes clínicos, particularmente ansiedad y trastornos del estado de ánimo. En ambo casos, el estrés experimentado ante una situación como la jubilación es tan grande que el sufrimiento que se vive en los años posteriores va creciendo.

Identificar un trastorno de ansiedad en ocasiones se vuelve difícil debido a la gran cantidad de síntomas que se presentan: problemas gástricos, musculares, respiratorios, cardiovasculares, insomnio... Sin embargo, cuando se conoce adecuadamente la sintomatología es mucho más fácil observarla. Esto evita que el paciente vaya de un médico a otro buscando atención.

Para tratar un trastorno de ansiedad efectivamente, los médicos deben comprender cómo surgen dichas afecciones y qué factores están involucrados en su mantenimiento. En los últimos años hemos logrado comprender la interacción entre los factores genéticos, biológicos y de estrés que dan forma a la presentación del trastorno de mejor manera; aunque aún no está claro qué factores se heredan. (Bystritsky, 2013)

Una posibilidad es que la cognición anormal sea el factor heredado. La teoría cognitiva asigna una importancia primaria a la cognición anormal o catastrófica como mecanismo subyacente de todos los trastornos de ansiedad. Gran parte de las estrategias cognitivas para el tratamiento y la investigación se desarrollaron en años anteriores. (Bystritsky, 2013)

En la mayoría de los trastornos de ansiedad los pacientes procesan información que provoca miedo con un detalle excesivo que sobrepasa su capacidad para evaluar las situaciones adecuadamente. Esto sucede al separar la información entre buena y mala sin ningún área gris entre ambas opciones. (Bystritsky, 2013)

En comparación con los ancianos que padecen trastornos del estado de ánimo, solo un pequeño porcentaje de adultos mayores son remitidos a atención especializada de salud mental. La detección temprana y el tratamiento ayudan a reducir los síntomas, aumentando la calidad de vida y previniendo pronósticos desfavorables. (Vink, 2008)

El tratamiento de un paciente con trastorno de ansiedad debe enfocarse en la reducción paulatina de la sintomatología y, posteriormente, en su desaparición. Para ello, en muchas ocasiones es necesario el uso de terapia farmacológica aunada a psicológica, pues el medicamento ayudará a reducir los síntomas físicos mientras que la psicología se encargará de disminuir el estrés generado por el manejo de las situaciones o por los pensamientos disfuncionales que surgen alrededor del malestar.

El entrenamiento de relajación, la terapia cognitiva conductual, de apoyo y de bioretroalimentación, entre otros tipos de ayuda psicológica, pueden proporcionar al paciente una mejoría evidente para que pueda realizar sus actividades con la normalidad de siempre. Además, la clarificación acerca de los síntomas, el apoyo por parte del personal médico y de la familia, la contención ante situaciones estresantes, la educación para el mantenimiento de una buena salud mental y el manejo de circunstancias ambientales y familiares que puedan alterar la tranquilidad de la persona, son necesarias para darle un mejor apoyo médico y psicológico a quien padece ansiedad.

Dentro de las terapias psicológicas, la cognitivo conductual ha sido la mejor investigada en la literatura de ansiedad geriátrica, y la impresión predominante es que los tratamientos cognitivo-conductuales deberían ser igual de efectivos con la ansiedad antigua y en la que se presenta con grupos más jóvenes. Incluso existen datos que sugieren que las intervenciones de apoyo, también puede ser eficientes. (Carmin, 2000)

La importancia y seriedad con las que los síntomas de ansiedad y las situaciones que le generen estrés al anciano sean consideradas, ayudará a tener la confianza del paciente para poder otorgarle una atención más específica y, sobre todo, más eficaz. Por otro lado, la dificultad para entender el sufrimiento del paciente le generará sentimiento de indefensión ante lo que se enfrenta diariamente.

CAPÍTULO 8

EL VIGILANTE

Uno de los síntomas clave dentro del quehacer de la psiquiatría es sin duda la psicosis. Esta es una condición que genera cambios en el pensamiento, comportamiento y, por tanto, en estilo de vida de quien la sufre.

La psicosis es un concepto que se entendía como la confusión entre el mundo interno y externo. No obstante, su definición ha evolucionado y actualmente la *American Psychiatric Association (APA)* la define como un trastorno mental importante, de origen orgánico o emocional, en el que la capacidad de una persona para pensar, responder emocionalmente, recordar, comunicarse, interpretar la realidad y conducirse de manera apropiada está suficientemente deteriorada como para inferir gravemente con la satisfacción de las demandas ordinarias de la vida. Esta condición puede encontrarse dentro de diversos cuadros; el más representativo -debido a su gravedad y cronicidad- es la esquizofrenia. (De La Fuente, 2014)

Puede ser producida por un sinfín de causas como cambios a nivel de neurotransmisores, alteraciones electrolíticas, cambios metabólicos, cambios hormonales, cambios estructurales del cerebro o secundaria a lesiones vasculares, entre otras.

Identificar a un paciente psicótico mayor de 60 años y que curse con patología 100% psiquiátrica de primera vez en la vida no es muy frecuente. A esa edad, por lo regular, dicha situación es secundaria a otro padecimiento médico y no a un problema psiquiátrico puro; sin embargo, sucede.

Al encontrar a personas de dicha edad que cursan con un cuadro psicótico por primera vez, es indispensable descartar los problemas médicos que puedan generar patologías antes de determinar si se trata de un padecimiento psiquiátrico.

Incluso, en ocasiones, cuando los síntomas se presentan, es necesario investigar si pueden deberse a la exacerbación de un cuadro previo que había permanecido oculto o pasado inadvertido.

A diferencia de lo que se muestra en las películas o series televisivas, las personas que presentan síntomas psicóticos no solo son agresivas. Por lo regular tienen un sinfín de síntomas que provocan la modificación de su comportamiento: alucinaciones, ideas delirantes, miedo secundario y tristeza, entre otros, pero, de primera instancia, no son agresivos.

Las alteraciones en el pensamiento (como las ideas delirantes) a la larga generan comportamientos diferentes que pueden hacer que la persona se muestre errática y desorganizada, lo que dificulta su socialización dentro del entorno tanto familiar como social.

Las alteraciones en la percepción, es decir, las alucinaciones, no siempre generan cambios en el comportamiento ni psicosis, pero cuando van de la mano de ideas delirantes, sin duda alguna comprometen el comportamiento de la persona. Ante ello, es necesaria la opinión de un experto para determinar la influencia que tiene en la vida de la persona que la sufre y para saber el tipo de atención que necesita, ya sea farmacológica o psicológica.

Gran cantidad de padecimientos psiquiátricos y médicos pueden generar ideas delirantes de cualquier tipo o cambios en la percepción -como alucinaciones visuales, auditivas, táctiles, olfativas o gustativas- así como cambios en el comportamiento y no solo esquizofrenia. Dentro de la amplia gama se encuentran el trastorno bipolar, la depresión, la demencia o el trastorno psicótico por uso de sustancias, por mencionar algunos. Por tal motivo es necesario realizar una adecuada investigación acerca de la evolución de la sintomatología, su inicio y progreso, pues no todos los padecimientos muestran la misma severidad, evolución ni pronóstico.

Cierto tipo de demencias pueden mostrar síntomas psicóticos que parecieran característicos de otro padecimiento, lo que llega a dificultar el diagnóstico de primera instancia y, a veces, a retrasar el tratamiento adecuado.

Padecer alucinaciones o ideas delirantes puede generar tal tensión que repercute en el comportamiento del individuo, llevándolo a mostrar cambios abruptos como miedo, aislamiento, paranoia, irritabilidad, desconfianza...

En una ocasión atendí a un varón de más de 80 años que, hasta dos meses antes de su primera valoración, había sido muy trabajador y responsable, de pronto, ya nada fue igual. ¿Qué lo hizo cambiar? Los síntomas de su padecimiento.

Desde su jubilación decidió mantenerse ocupado, por lo que habilitó un espacio como papelería escolar para comenzar un nuevo negocio, ocupación que mantuvo durante casi 20 años y que prosperó considerablemente.

A pesar de que el señor no carecía de recursos económicos, la papelería le había dado la oportunidad de continuar con sus actividades cotidianas y mantenerse ocupado en vez de aburrirse en casa, pero todo comenzó a cambiar debido a la sintomatología que se hizo presente y muy evidente.

Un día le comentó a una de sus hijas que en su negocio rondaba gente muerta por todos los rincones y que, además, podía ver la historia de vida de todos ellos, lo que le provocaba intranquilidad, angustia y miedo.

Tras escucharlo, la hija se alarmó y se dirigió con cautela a revisar la papelería, pero no encontró nada. A pesar de no entender la situación, notó que lo que comentaba su padre no era normal.

Unas semanas después comenzó a comentar que no sólo había gente muerta en el lugar, sino que él mismo estaba muerto.

-Constantemente nos decía que él ya estaba muerto, que se había suicidado. Incluso, cuando lo comentaba, se dejaba caer- refirió la hija.

Simplemente relajaba el cuerpo y se dejaba caer sin importar si estaba sentado, parado o en cualquier otra posición. No sufrió lesión alguna por las caídas.

Era evidente que, además, tenía confusión, letargo, dificultad para conciliar el sueño, problemas de memoria, atención y concentración, entre otros.

Con el paso de los días, tanto su hija como su yerno se confundían cada vez más por las ideas que expresaba. Físicamente parecía estar bien. No aparentaba tener enfermedad alguna. Siempre había sido una persona sana.

Unas semanas después constataron que a lo que se refería el hombre era a las biografías de personajes históricos que vendía en su establecimiento. También decía que las historias de los muertos estaban por todos lados y que eso le generaba miedo. Por ello acudieron con un psiquiatra y dos neurólogos, quienes iniciaron tratamiento y solicitaron la realización de estudios de imagen cerebral.

Al acudir a la valoración y tras la realización de la entrevista tanto al paciente como a sus familiares, la revisión clínica y la observación de los estudios de imagen cerebral que se le habían solicitado, se corroboró que tenía gran cantidad de lesiones lacunares y daño isquémico en varias zonas del cerebro. Los síntomas psicóticos, cognitivos y de comportamiento presentados eran secundarios a un problema de origen vascular y no a uno psiquiátrico de primera instancia.

El padecimiento del paciente duró aproximadamente cuatro meses, ya que durante ese tiempo fueron presentándose varios eventos vasculares que culminaron en su fallecimiento.

Otro de los casos que atendí fue el de un paciente que me remitió uno de mis alumnos de clases de geriatría. Había comenzado con tristeza profunda luego de que a una de sus hijas le fuera diagnosticado cáncer de mama. Evidentemente, aceptar que su hija estaba enferma fue algo crucial. Ninguno de sus hijos se había enfermado antes, y menos de algo como aquello, por lo que cayó en una depresión acusada que le duró casi mes y medio antes de que se pusiera totalmente mal.

Al momento en el que mi alumno me comentó el caso, el hombre había disminuido casi diez kilos en un mes. Por tal motivo tuvo que ser internado en un hospital para su realimentación y la recuperación del peso habitual. La justificación para no comer fue que no podía hacerlo debido a que «no tenía boca y todo su interior estaba petrificado».

Dichos síntomas se han catalogado como delirio nihilista o de negación, también llamado síndrome de Cotard, descrito por el neurólogo parisino Dr. Jules Cotard (1840-1889).

El síndrome o delirio de Cotard comprende cualquiera de una serie de ideas delirantes que van desde la creencia fija e inquebrantable de que uno ha perdido órganos, sangre, partes del cuerpo o hasta el alma, o que está muerto. En su forma más profunda la ilusión toma la forma de una creencia profesada de que uno no existe. Encontrado principalmente en psicosis como la esquizofrenia, trastorno bipolar y depresión, el síndrome de Cotard también se ha descrito en lesiones orgánicas de la corteza temporoparietal no dominante, así como en la migraña. (Pearn, 2002)

Afortunadamente, tres meses después de la primera valoración, el paciente estaba como si nada hubiera pasado. Había recuperado su peso y salud, los síntomas de la depresión[16] habían desaparecido casi por completo, así como gran parte de la sintomatología.

Por lo regular, los pacientes psiquiátricos con padecimientos de larga evolución -aparte de la sintomatología propia de la enfermedad- muestran algún grado de deterioro en las funciones mentales. Quienes padecen esquizofrenia o bipolaridad, entre más episodios agudos de exacerbación padezcan, mayor deterioro presentarán.

Mientras me especializaba en psiquiatría tuve un paciente remitido por un hospital general. Había sido enviado a estabilización por la patología que padecía: esquizofrenia. Había vivido con ella desde su juventud y hasta sus más de 60 años, por lo que presentaba un aparente deterioro cognitivo de leve a moderado.

---

[16] Los síntomas psicóticos durante la depresión son una condición que puede presentarse tanto en jóvenes como ancianos. En un estudio realizado por Benazzi (1999), se mostró que la depresión psicótica tardía (50 años o más), frente a la depresión psicótica en pacientes más jóvenes, se asoció con una edad significativamente mayor al inicio del estudio, mayor duración y menor comorbilidad. En los últimos años y en pacientes más jóvenes, la depresión psicótica versus la depresión tardía no psicótica se asoció con una gravedad significativamente mayor, menor comorbilidad, más pacientes con trastorno bipolar I y menos pacientes con trastorno unipolar. Benazzi F. Psychotic late-life depression: a 376-case study. Int. Psychogeriatr. 1999 Sep. 11(3):325-32.

Cuando interrogué al paciente por primera vez, me comentó que había sido hospitalizado en múltiples ocasiones y que ese era un internamiento más. A simple vista se veía que estaba tranquilo y relajado. No mostraba alteraciones en el comportamiento ni en el habla.

Fue internado debido a que llevaba casi dos meses perdido y su familia lo había buscado por todos los medios posibles hasta dar con su paradero. No era la primera vez que sucedía algo similar.

Vivía con su hermana y su cuñado en la CDMX. No tenía un trabajo formal; ocasionalmente vendía dulces y cigarrillos en la calle, con lo que obtenía unos cuantos pesos para poder comprar artículos de necesidad básica.

Al interrogarlo acerca de la situación que lo había llevado a ser hospitalizado me comentó que, debido a que ganaba poco dinero con la venta de dulces y cigarros, en ocasiones tenía que pedirle dinero a su hermana para lo que necesitara.

Su hermana no era el único familiar que tenía, pero sí la única que vivía en la CDMX, pues sus otros dos hermanos residían en Veracruz. Además, tenía muchos otros parientes cercanos.

En más de una ocasión se le había metido a la cabeza la idea de ir a Veracruz a visitar a sus familiares, pero desafortunadamente la economía familiar no se lo permitía, por lo que al solicitar dinero a su hermana y no obtenerlo optaba por tomar sus cosas y salir a caminar.

–Para llegar a Veracruz solo tenía que llegar a la calzada Ignacio Zaragoza y de ahí caminar derechito hasta llegar a mi destino– comentó.

Sin importar las inclemencias del tiempo, la necesidad de alimentos, medicamentos y necesidades básicas tomaba una muda de ropa y comenzaba a caminar.

Aseguró que si le daba hambre o sed no dudaría en pedirle a la gente que le regalara dinero, comida y agua, o incluso que la buscaría en los basureros.

En ocasiones caminaba a lado de la carretera o entre las montañas. Algunas veces llegaba a comer animales que cazaba y otras tantas no comía nada. Durante esos lapsos no comía bien, no tomaba sus medicamentos y, por consecuencia, bajaba de peso y, con el paso de los días, se notaban cada vez más los síntomas psicóticos.

Esa ocasión, lo encontraron porque estaba cerca del lugar donde vivían sus familiares. Llevaba varias semanas viviendo en calles cercanas, pero no los había visitado. Para entonces la enfermedad se había agudizado, estaba totalmente confundido y desorientado. Las alteraciones en el comportamiento, el pensamiento y la percepción eran evidentes.

Durante el interrogatorio comentó que su insistencia por ir a Veracruz a visitar a su familia se debía a que escuchaba una voz que le decía que si no iba a verlos morirían. Según él, alguien del gobierno le transmitía pensamientos a través de las antenas telefónicas y era así como se enteraba de que debía ir a aquel estado.

Cuando lo vi por primera vez, ya había sido atendido en un hospital general porque sus dos pies estaban sumamente lesionados; tenía lesiones en ambas plantas, en los talones y en una de las pantorrillas, pues el largo recorrido le ocasionó heridas profundas de las cuales no se quejaba, pues -debido a su psicosis- no se había percatado de la calidad de las lesiones.

De acuerdo con lo que comentó su hermana, el hombre se encontraba bien mientras trabajaba; realizaba labores dentro del hogar y tenía estructura en sus actividades, pero cuando estaba mal se notaba en su comportamiento y le daban ganas de salir a caminar.

Muchas personas con trastornos como esquizofrenia, mientras permanecen estables, con un buen manejo farmacológico y sin presencia de problemas médicos graves, pueden evolucionar sin padecer deterioro cognitivo o funcional serio; incluso muchos trabajan y pueden hacer una vida muy normal; sin embargo, cuando no ingieren el medicamento o no mantienen una buena supervisión médica, su salud puede deteriorarse al grado de generar gran disfunción.

Al atender a alguna persona con síntomas psicóticos debemos considerar la edad y las enfermedades comórbidas en caso de que se presenten, pues mientras más temprano se presente el cuadro, más probable será que el padecimiento sea puramente psiquiátrico.

En el caso de padecimientos que se presentan con ideas delirantes y alucinaciones es indispensable investigar todas las causas posibles ya que muchas veces se confunden fácilmente con otros trastornos.

En marzo de 2015 recibí al señor Bruno y a su esposa. Tenía 59 años y le habían diagnosticado demencia, pero su médico se ausentó durante un tiempo, lo que lo obligó a cambiar de especialista para dar seguimiento a su enfermedad.

Al realizar su historia clínica me pareció extraño que en ese momento no presentara ningún tipo de problema de memoria, atención, concentración o cálculo, entre otras funciones mentales que me pudieran corroborar un diagnóstico como de Alzheimer, demencia vascular, demencia frontotemporal o alguna otra parecida.

Durante el interrogatorio exhaustivo pude percatarme de que con el médico anterior Bruno se encontraba con agudización de los síntomas. Ello provocó que los resultados de sus estudios mostraran alteraciones, aunque en ese momento no tenía deterioro cognitivo. No obstante, debido a que previamente lo había presentado, su doctor consideró pertinente iniciar tratamiento con *mematina* y *rivastigmina*, además de otras medicinas que se volvieron parte de su rutina durante alrededor de un año. A estas se les realizaron ajustes en las dosis de acuerdo con la mejoría del cuadro.

Los medicamentos que le prescribieron eran demasiados (6 en total). Las dosis eran excesivas. Debido a su sintomatología había dejado de laborar como abogado, quedándose en casa a ayudar en las labores del hogar. Si salía lo hacía en compañía de algún familiar, pero, si no tenía quien lo acompañara, prefería no salir.

Algunas veces llegó a consumir alcohol mezclándolo con los medicamentos, por lo que se tornaba irritable y en ocasiones agresivo, pero sin llegar a violencia física. Ante esa situación su esposa se desesperó y decidió buscar ayuda.

Acudieron con un psicólogo experto en adicciones para que tratara su alcoholismo, pero fue remitido a psiquiatría para ser valorado. Al interrogar de manera exhaustiva tanto al paciente como a su esposa se identificó que únicamente consumía alcohol cada dos semanas y que la cantidad no era mayor a 5 copas por ocasión, por lo que era difícil que llegara a un estado de embriaguez. La molestia era por parte de la esposa que no toleraba el gusto de su marido por la sustancia, considerándola como una adicción.

La psicosis de Bruno consistía en miedo a que le fueran a hacer algo como lastimarlo o matarlo y nació a partir de uno de los casos legales en los que laboró y con el que afectó a varias personas al ganar el juicio. A partir de ese momento comenzó a tener miedo de salir a la calle, pues aseguraba que una persona lo vigilaba y tenía órdenes de matarlo.

Según comentó, afuera de su casa había una persona vestida de indigente que lo vigilaba y que, en ocasiones, se disfrazaba de policía, de barrendero, de recogedor de basura u otro oficio, y que tenía como tarea matarlo, por lo que dejó de salir solo a la calle.

A pesar de que no tenía la certeza de que realmente lo estuvieran vigilando o que lo amenazaran, estaba casi seguro de que de un momento a otro lo matarían, así que estaba temeroso de ser asesinado. El sentimiento se perpetuó durante tres años.

Algunos días permanecía tranquilo, otros no; incluso le era fácil permanecer en casa. Los años pasaron y nunca fue víctima de un ataque.

Cuando era confrontado acerca del vigilante, su esposa argumentaba que pagar durante tres años para mantenerlo en la mira podía ser muy costoso, pero Bruno respondía que tal vez la familia tenía mucho dinero y que por eso mantenían al vigía, para generarle miedo.

Luego de casi dos años de tratamiento y de ajuste a los medicamentos y terapias psicológicas, Bruno dejó de ver al individuo fuera de su casa, pero aun así mantenía un miedo importante a que algo malo pudiera sucederle mientras salía a la calle.

Por otro lado, el consumo de alcohol continuaba siendo un problema para su esposa y, aunque no llegara a ingerir ni una sola copa, era algo que le recriminaba diariamente. A pesar de que la sintomatología disminuyó y la vigilancia desapareció, el temor a ser víctima de algún ataque continuó.

En más de una ocasión fue confrontado para confirmar la veracidad de la historia que contaba y siempre afirmaba estar vigilado. Incluso llegó a comentar que el vigilante contaba con muy buen maquillaje como parte del disfraz y, a pesar de que no encontraba una respuesta lógica ante la situación, aseguraba que era real y que el vigilante lograría su cometido de un momento a otro.

El trastorno del señor Bruno era del tipo que se ha catalogado como trastorno delirante crónico, un padecimiento mental que se caracteriza por la presentación de una o varias ideas delirantes relacionadas entre sí y que persisten a lo largo del tiempo e incluso durante toda la vida, por lo que el paciente vive su idealización delirante con una alta carga emocional.

Los subtipos de trastorno delirante -de acuerdo al contenido del delirio- son (De La Fuente, 2014):

- Persecutorio.
- Querellante.
- Querulante o litigante.
- Celotípico.
- Somático (hipocondriaco).
- Erotomaníaco.
- De grandiosidad.
- Autorreferencial.

El señor Bruno, por ejemplo, presentaba ideas persecutorias debido a que, según él, lo seguían a cualquier lado, por lo que debía ir acompañado para que no pudieran matarlo.

Este tipo de padecimientos son de difícil tratamiento y pronóstico desalentador, pues pueden agravarse con la edad por la intensificación de las ideas delirantes. Sin embargo, tanto con medicación como con ayuda psicológica consistente en terapia cognitivo conductual, de aceptación y compromiso, así como con psicoterapia de apoyo, el paciente puede mostrar mejoría. (De La Fuente, 2014)

Durante mis años de docencia he puesto mucho énfasis en que los alumnos se quiten de la cabeza esa idea errónea que existe alrededor de los pacientes psiquiátricos, principalmente de aquellos que presentan cuadros psicóticos. Para mí ha sido primordial que distingan entre los pensamientos normales y los delirantes, además de que observen a detalle los cambios en el comportamiento que cada situación puede generar.

Cuando encontramos a una persona con ideas delirantes como de robo, celotipia, transmisión y control de pensamiento o erotómanas, etcétera, es importante investigar el contexto en el que se presentan, pues la irracionalidad de los pensamientos puede identificarse ante una buena entrevista clínica, incluso por personal inexperto en salud mental, pero que tiene a bien identificar síntomas antes de estigmatizarlos.

En las clases que he impartido a médicos y psicólogos, en más de una ocasión han preguntado acerca de los síntomas de sus pacientes para saber si son psicóticos o no. Aunque en algunas personas son evidentes, en otras es necesario hacer entrevistas exhaustivas a fin de identificar las ideas delirantes.

Los delirios sin duda alguna cambian el estilo de vida de las personas de una forma radical, es por eso que se vuelve necesario hacer un buen examen mental y, en caso de duda, derivar cuanto antes al especialista indicado.

Los trastornos psicóticos en sí generan gran disfunción tanto en la vida de quienes los padecen como en sus familiares. El impacto de este tipo de padecimientos en las familias es demasiado grande y repercute en su calidad de vida, en su funcionalidad y en su economía.

En el anciano, los trastornos psicóticos pueden clasificarse como (Angulo, 2008):

- Primarios: Esquizofrenia, delirios.
- Secundarios: Delirium, psicosis asociada a demencia o de causas médicas como accidentes cerebrovasculares, *Parkinson* o tumores.
- Trastornos psicóticos comórbidos: Constituidos por dos o más padecimientos psicóticos que aparecen a la vez en el mismo individuo.

Por lo anterior, es importante que la evaluación de la causa de los síntomas psicóticos en el anciano incluya la revisión médica y neurológica exhaustiva. Es relevante investigar si el paciente consume algún tipo de medicina, suplemento vitamínico, tés o tizanas que puedan generar ciertos síntomas.

El pronóstico dependerá de la causa que provoque la psicosis y del tratamiento oportuno, además de la comprensión del padecimiento por parte de la familia.

La alta prevalencia de la psicosis en adultos mayores, así como lo perturbador de sus síntomas, exige un amplio conocimiento del tema para diferenciar los tipos de enfermedades que la ocasionan. (Angulo, 2008)

CAPÍTULO 9

CUANDO LOS RECUERDOS SE VAN

Habían pasado casi ocho meses desde la muerte del esposo de Nuria cuando su hijo Jorge comenzó a notar comportamientos y conversaciones extrañas en su madre.

La señora que ayudaba con el aseo en casa de Nuria llevaba varios meses comentando a Jorge que el comportamiento de su madre era cada vez más limitado. Había dejado de realizar las actividades cotidianas a las que estaba acostumbrada; ya no pintaba, no leía, no salía a saludar a sus amigas... Llevaba mucho tiempo saliendo únicamente a caminar al parque por las mañanas tal como lo había hecho durante treinta años.

Al inicio pensaron que este cambio se debía al duelo por la muerte de su esposo, pero cuando Jorge, su esposa y la señora del aseo comentaron la situación, pudieron recordar que los cambios se habían presentado sutilmente casi más de dos años antes de enviudar y en ese momento solo se estaban exacerbando.

Nuria y su esposo vivieron juntos por más de 54 años. Nunca se habían separado salvo por viajes de negocios. A pesar de que ambos tenían carácter fuerte, sus discusiones no llegaban a gritos y mucho menos a golpes. Sabían resolver sus diferencias de la mejor manera: conversando.

-Mi papá la trataba muy bien, la cuidaba y la procuraba con mucho cariño. Ella también lo quería demasiado...- comentó Jorge.

Ambos eran independientes y sanos, pero acostumbraban a realizarse estudios sanguíneos y chequeos médicos cada seis meses. No obstante, la señora del aseo indicó que el último año de vida del esposo de Nuria habían acudido al doctor al menos 6 veces, lo que le pareció raro ya que ninguno de los dos se quejaba de malestar alguno.

Debido a que ambos eran muy herméticos con sus situaciones personales, la encargada de la limpieza decidió no preguntar sobre la salud de sus jefes, concretándose a observar que además de las vitaminas que diariamente tomaban, uno de los dos consumía otro medicamento del cual no sabía su indicación.

Desde la jubilación del señor gustaban de salir a caminar, a comer y a visitar a sus familiares en Puebla, Estados Unidos y, ocasionalmente, en España.

Ella era una mujer enérgica y muy estructurada en sus actividades. Había sido docente a nivel universitario por más de treinta años. Sus avanzados estudios en física y sus trabajos publicados en el extranjero la habían llevado a ser una profesional reconocida dentro del instituto en el que laboraba.

Ambos leían el periódico diariamente, veían las noticias, ella pintaba y el resolvía crucigramas y armaba rompecabezas de miles de piezas. Un día, sin previo aviso ni malestar físico, el amaneció sin vida. Se había quedado dormido para siempre y ella sola y sin el compañero que la acompañó por tanto tiempo.

El funeral se llevó a cabo de acuerdo con sus costumbres. Velaron el cuerpo durante una noche y al día siguiente lo cremaron. A lo largo de las ceremonias ella se mostró tranquila y despreocupada. Sus hijos pensaron que su actitud se debía a que siempre había sido una persona fuerte y que rara vez mostraba tristeza, pero asumieron que en algún momento dejaría caer alguna lágrima o expresaría su dolor como pudiera. A pesar de su carácter firme, su actitud les pareció un poco extraña, aunque la pasaron por alto creyendo que en el momento adecuado expresaría su dolor y podrían consolarla.

Una semana después fueron a dejar las cenizas al cementerio y le propusieron cambiarse de domicilio a Puebla para que no estuviera sola en casa, pero no aceptó. Decidió quedarse en compañía de su ayudanta para no causarle problema a ninguno de sus hijos.

Tras la muerte de su esposo fue notorio que Nuria comenzó a realizar cada vez menos actividades. Tanto sus hijos como la señora de la limpieza dejaron que expresara su sentir sin forzarla, dedicándose exclusivamente a observarla, pero el tiempo pasaba y ella disminuía cada vez más sus hábitos.

De repente, Jorge comenzó a notar que las llamadas de Nuria, aparte de ser cada vez más constantes, eran para quejarse de que sus pertenencias no aparecían y, en ocasiones, que era su esposo quien las movía de lugar.

A Jorge le pareció muy extraño, pero supuso que era la manera en la que su madre estaba expresando su dolor. Además no quería desconfiar de la señora que la ayudaba, pues era su único apoyo.

En una ocasión la señora de la limpieza tuvo que ausentarse por quince días previa autorización de Jorge y su madre. Ella sugirió que alguien más acudiera a apoyarla con las labores del hogar, pero Nuria no aceptó argumentando que solo serían un par de semanas. Sabía cocinar, hacer las labores del hogar y cuidarse sola; lo había hecho antes y no veía la dificultad para hacerlo en ese momento.

Realizaron las compras pertinentes de todos los víveres e incluso prepararon la comida de cinco días. Durante esas semanas Jorge llamó a su madre al menos tres veces al día para saber cómo se encontraba.

Durante la primera semana todo pareció estar normal. Jorge le preguntaba sobre su estado, si dormía bien, si había comido o las actividades que había realizado en el día. Nuria respondía sin problema que todo había marchado de maravilla.

La segunda semana fue muy diferente. Nuria hablaba mucho y más rápido. Se notaba intranquila, pero contestaba a todo lo que Jorge preguntaba. Comenzó a decirle que todo estaba bien y que todo estaría mejor.

Un buen día Nuria comentó que iría a la universidad a ver a un profesor con la finalidad de revisar unos errores de una tesis, lo que no le pareció extraño a Jorge, pues sabía que hasta hace unos meses su madre continuaba revisando ese tipo de documentos, por lo que le dio gusto escuchar que saldría de casa y continuaría con sus actividades, pero al finalizar el día ella no comentó nada y ni siquiera recordaba la conversación previa con su hijo.

Pasaron las dos semanas de ausencia de la señora de la limpieza, quien al volver a la casa encontró mucho desorden: ropa tirada por todos lados, olores extraños, suciedad... Rápidamente subió a la recámara de Nuria y la encontró recostada sobre la alfombra cubierta de periódico. Tuvo que hablarle en voz alta para que la escuchara y se incorporara.

Tras cruzar unas palabras con Nuria, la señora del aseo tomó su teléfono móvil y fotografió la casa para después comenzar a limpiarla. Posteriormente se comunicó con Jorge y le mandó las imágenes.

La ropa tirada era tanto de ella como de su esposo. En el suelo había libros abiertos y rallados o con anotaciones que no se entendían. La cocina estaba repleta de comida en descomposición. La casa en su totalidad tenía charcos, los baños estaban sucios y en general la casa estaba completamente a oscuras, pues todas las cortinas estaban cerradas.

Alarmado por la llamada, Jorge tomó su auto y viajó desde Puebla hasta la ciudad de México para visitar a su madre y llevarla a revisión médica. Solo habían pasado dos semanas desde la última vez que habían comido juntos y, aunque había notado comportamientos extraños de parte de su madre, nunca la había notado como aquel día.

En tan solo dos semanas Nuria había bajado más de 10 kilos; se veía demacrada y con grandes ojeras. Tanto ella como su casa estaban irreconocibles.

Jorge decidió llevarla al servicio de urgencias del hospital más cercano, donde le solicitaron exámenes de sangre que únicamente mostraron una infección en vías urinarias. También le realizaron tomografías de cráneo para descartar algún evento vascular u otra condición, pero lo que arrojó fue la disminución del tamaño de ambos hipocampos[17]. No había datos de lesiones o masa ocupativa alguna por la que debieran preocuparse.

---

[17] El hipocampo es una estructura anatómica relacionada principalmente con la memoria. La disminución en el tamaño de la región hipocampal bilateral es una condición relacionada específicamente con la Enfermedad de Alzheimer.

Fue hospitalizada durante un día y en ese entonces se tomó la decisión de que no continuaría viviendo sola. En ese momento, como parte del seguimiento a su estado de salud se le realizaron pruebas neuropsicológicas, pues el médico comentó que era evidente que tenía un cuadro de delirium secundario a la infección de las vías urinarias[18] y un proceso demencial[19].

Le comentó a Jorge que el posible diagnóstico era Alzheimer. Jorge tomó el teléfono y llamó a su hermano para comentarle la situación. Ambos convinieron que lo mejor era mantener a su madre vigilada a fin de evitar mayor malestar en su salud. Con el paso de los días la infección en vías urinarias cedió y el comportamiento de Nuria fue cambiando. Hablaba más claro y menos rápido.

Durante la hospitalización y los días previos notaron que tenía dificultad para dormir, pero tras ello se mostraba más tranquila, más concentrada y, sobre todo, más ubicada en el contexto en el que se desenvolvía.

Al notar las fallas y tras los estudios pertinentes, Nuria fue diagnosticada con enfermedad de Alzheimer de gravedad moderada.

El cambio de residencia fue benéfico para su salud; sin embargo, la neurodegeneración era evidente y estaba avanzando. La infección había dejado al descubierto su problema, haciéndolo más notorio.

---

[18] La infección del tracto urinario (ITU) es un tipo de infección común entre las personas mayores. Las mujeres tienen mayor riesgo de ser afectadas que los hombres. Si una persona con deficiencia de memoria o demencia tiene una infección del tracto urinario, puede presentar confusión repentina y severa conocida como *delirium*. Si la persona tiene un cambio repentino e inexplicable en su comportamiento, como una mayor confusión, agitación o abstinencia, puede deberse a una ITU. https://www.alzheimers.org.uk/download/downloads/id/3622/urinary_tract_infections_utis_and_dementia.pdf

[19] El *delirium* no es una enfermedad, es un síndrome de etiología compleja y a menudo multifactorial que culmina en un patrón similar de signos y síntomas referentes al nivel de conciencia y deterioro de funciones cognitivas del paciente. Clásicamente, el *delirium* tiene un inicio súbito (horas o días), su evolución es breve y fluctuante, mejorando rápidamente si se identifica y elimina el factor causal, aunque todas estas características pueden variar según el paciente. Alonso-Ganuza Z, Gonzalez-Torres MA, Gaviria M. El delirium. Una revisión orientada a la práctica clínica. Rev. Asoc. Esp. Neuropsiq., 2012; 32 (114), 247-259. doi: 10.4321/S0211-57352012000200003

Durante ocho meses vivió en casa de su hijo y de su nuera, quienes se encargaron de ella y de contratar a una cuidadora que estuviera con ella las 24 horas del día.

Al limpiar la casa de Nuria encontraron medicamentos para la depresión, el sueño y el deterioro cognitivo, por lo que tanto Jorge como su hermano descubrieron que su padre conocía la situación. Esa era la razón por la que habían acudido tantas veces al médico durante su último año de vida, pero no contó con que su muerte llegaría antes que la de su esposa.

Nuria fue olvidando situaciones, nombres, lugares y recuerdos de viajes poco a poco. Las conversaciones que tenía acerca de libros, arte, cultura y música eran cada vez más pobres. Las palabras fueron borrándose de su mente, su atención era mínima, por lo que le era difícil seguir el hilo de las conversaciones. No recordaba los idiomas que había aprendido.

Poco a poco el recuerdo de sus nietos e hijos se fue desvaneciendo. Solo hablaba de lo hermoso que era estar enamorada porque un chico la estaba pretendiendo, pero meses después incluso eso se desvaneció y sus recuerdos se limitaron exclusivamente a su infancia.

Comenzó a confundir a su hijo con uno de sus tíos y a su nuera con una de sus primas. Luego dejó de reconocer a sus familiares.

Algunas noches se despertaba para ir al baño, pero al darse cuenta de que no se encontraba en la casa en la que había vivido durante su infancia, comenzaba a intranquilizarse y a gritar angustiada. En más de una ocasión tanto una de sus cuidadoras como uno de sus hijos recibieron uno que otro golpe al tratar de controlarla.

Su agitación era cada vez más difícil de controlar y se presentaba con mayor frecuencia. A pesar de todo cada mañana salía a caminar en compañía de una de sus cuidadoras, pero en un par de ocasiones salió corriendo hacia la carretera, poniendo en peligro su vida ante la posibilidad de ser atropellada. Afortunadamente nunca pasó a mayores.

Al notar el rápido deterioro de Nuria, Jorge y su hermano decidieron buscar un lugar adecuado en el que pudieran darle las atenciones que ellos no sabían ni podía darle. Fue entonces cuando encontraron un asilo en donde podrían cuidarla y en donde aún hoy sigue viviendo con el deterioro que avanza en menor medida.

::::::::::

Situaciones como la de Nuria representan una de las condiciones médicas que actualmente cobran vital importancia. La pérdida paulatina de la memoria no es fácil de entender, mucho menos de aceptar y, en algunos casos, de identificar.

Desafortunadamente día a día nos encontramos con personas que presentan déficit cognitivo difícil de abordar y de aceptar.

Tal como lo comentaron los hijos de Nuria, es probable que su padre hubiera identificado el problema y prefiriera callar antes que darles molestias o de que vieran a su madre vulnerable; sin embargo, la situación tuvo que salir al descubierto poco a poco y de una manera no muy agradable.

Por otro lado, la personalidad enérgica y autosuficiente de Nuria de alguna manera evitó que sus hijos notaran el déficit que presentaba, limitando con esto la posibilidad de ayudarla.

Entender lo que sucedía con Nuria al principio fue muy difícil, pero poco a poco la situación fue más llevadera. Hijos, nietos y cuidadores fueron adaptándose al nuevo escenario en la vida de la paciente y con el paso del tiempo entendieron hasta dónde podían brindarle ayuda.

Afortunadamente, a pesar de llevar dos años en un asilo, Nuria no ha dejado de recibir la visita de sus familiares.

Identificar los síntomas de la enfermedad de Alzheimer en ocasiones es difícil, pues los signos clínicos a veces llegan a ser muy sutiles. Actualmente es la enfermedad neurodegenerativa más estudiada a nivel mundial. Sabemos que su progresión es inevitable y que, en muchas ocasiones, su tratamiento es complicado.

Las demencias -ahora llamada trastornos neurocognitivos mayores- son cada vez más frecuentes debido al aumento de la población anciana. Conforme aumenta la esperanza de vida, la población envejece y con ello existe mayor riesgo de padecerlas.

La característica que define las demencias es un deterioro cognitivo adquirido irreversible, que afecta habitualmente (aunque no exclusivamente) a la memoria, con consecuencias en las actividades de la vida diaria. (Rojas, 2016)

Es un término general que describe una amplia variedad de síntomas relacionados con el deterioro de la memoria u otras capacidades de razonamiento y que es lo suficientemente grave como para reducir la capacidad de una persona para realizar las actividades cotidianas. La enfermedad de Alzheimer representa entre el 60 y el 80 por ciento de los casos[20].

Se estima que alrededor de 47.5 millones de personas en el mundo padecen alguna enfermedad neurodegenerativa (OMS, 2016) y que, conforme el índice de personas mayores de 60 años siga aumentando, el problema se hará cada vez mayor. Por suerte, existen varios grupos de investigadores tratando de identificar las causas que la provocan y de producir nuevos medicamentos que limiten el daño.

Aunque los déficits de la memoria han cobrado mayor atención durante el transcurso del estudio de las demencias, no es el único dominio cognitivo mermado. Hoy sabemos que puede existir deficiencia en uno o varios dominios cognitivos: atención compleja, función ejecutiva, aprendizaje y memoria, lenguaje, habilidades perceptuales motoras y reconocimiento social.

Identificar correctamente cada una de las manifestaciones en la merma de los diversos dominios cognitivos es una labor que deben llevar a cabo los prestadores de servicios sanitarios en todos los niveles de atención. Desafortunadamente los cambios presentados por los pacientes muchas veces son considerados normales tanto por los familiares como por los propios médicos. Por otro lado, en ocasiones existe desconocimiento sobre el uso correcto de las herramientas diagnósticas diseñadas para la identificación de dichos problemas.

Además. La evolución de la enfermedad será distinta en cada paciente,

---

[20] Hasta el DSM-IV-TR el término demencia era ampliamente utilizado, pero en los últimos años la nomenclatura ha cambiado y, a partir del DSM 5 (2013) ha sido sustituido por el término Trastorno Neurocognitivo Mayor (TNCM). Para fines de este texto se utilizarán ambos términos como sinónimos; sin embargo, de acuerdo con el caso, se comentarán las diferencias entre algunos tipos de TNCM. https://www.alz.org/espanol/about/qu%C3%A9-es-la-demencia.asp

por lo que el tratamiento de cada uno de ellos deberá estar enfocado en mejorar las funciones cognitivas, así como los síntomas agregados.

CAPÍTULO 10

LAS MÁSCARAS DE LA DEMENCIA

Sin duda alguna, uno de los padecimientos más difíciles de aceptar y en ocasiones de entender es la demencia. La pérdida de las funciones mentales superiores poco a poco nos desvanece el mundo tal cual lo conocemos y con esto se nos va mucho de lo que somos como personas.

Al realizar la historia clínica de los pacientes con demencia es vital entrevistar tanto al enfermo como al cuidador. Durante la entrevista, se debe prestar especial atención al modo de inicio, progresión, fluctuaciones y evolución del trastorno y deben explorarse todas las funciones cognitivas (memoria, lenguaje, cálculo, percepción, función espacial y tareas ejecutivas complejas) y de comportamiento (cambios de carácter, apatía, desinhibición, estado de ánimo, alucinaciones, delirios, estereotipos repetitivos o comportamientos obsesivo-compulsivos). (Sheriff-Shaik, 2012)

Con el paso del tiempo los cambios en la cognición provocarán gran cantidad de emociones, sensaciones, sentimientos y pensamientos en quien los padece. Si, por un lado, la persona no detecta el deterioro que está sufriendo, la ansiedad que padezca ante la situación puede ser leve; sin embargo, si nota el déficit y las limitaciones que le provoca, puede ser tan catastrófico que lo lleve a experimentar emociones negativas e incluso a pensar en el suicidio.

Volverse loco o perder la razón es sin duda uno de los miedos más grandes del ser humano. La mayoría de las personas a las que he visto y entrevistado suelen pensar que la locura se presenta súbitamente y que de un momento a otro todo cambia. Sin embargo, esto no siempre es así. A pesar de que muchos creen que esto es de origen cien por ciento psiquiátrico, no es del todo cierto. Esta creencia está sumamente influenciada por lo que acostumbramos a ver en las películas de miedo o suspenso, pero no siempre ocurre así. Mientras existen padecimientos que se presentan súbitamente, otros son lentos, progresivos y muchas veces silenciosos. Un ejemplo de esto son las enfermedades neurodegenerativas que se presentan mayormente en la vejez.

La información médica, social y psicológica a la que comúnmente tenemos acceso en Internet, hace que muchas personas indaguen sobre las diferentes maneras de perder la razón al cursar con cierta sintomatología. Aunque unos se informan acerca de problemas psiquiátricos como esquizofrenia, otros tantos lo hacen acerca de situaciones neuropsiquiátricas como el trastorno neurocognitivo mayor (TNCM).

Además de las situaciones graves que produce el decremento de las funciones mentales, existen eventos como el deterioro cognitivo leve ante los cuales es necesario poner atención, pues en muchas ocasiones anteceden a problemas mayores como el TNCM que -de no ser identificados- pueden evolucionar tan discretamente que cuando los cambios se vuelven evidentes es porque se encuentran bien establecidos.

El deterioro cognitivo leve es un estado de disminución de las funciones mentales intermedio entre el normal (por envejecimiento) y el patológico (demencia). Puede implicar problemas con la memoria, el lenguaje, el pensamiento y el juicio -que son más graves que los cambios normales relacionados con el envejecimiento- o aumentar el riesgo de desarrollar demencia causada por la enfermedad de Alzheimer (EA) u otras afecciones neurológicas. (MayoClinic.org)

Sabemos que existen muchas patologías que por sus características impiden a las personas identificar de manera adecuada su entorno, dificultándoles su manera de conducirse. El hecho de que tanto médicos como familiares aprendan a reconocerlas ayudará a buscar el mejor tratamiento antes de que se presente el problema, pero una vez se encuentre es necesario identificar la severidad de los cambios a través de un examen mental y de las pruebas neurológicas pertinentes.

Como se ha mencionado, la evaluación de las funciones mentales superiores debe ser primordial en todos los pacientes, más aún en el adulto mayor. Una buena revisión nos ayudará a identificar oportunamente los signos de cambio o deterioro cognitivo. Con esto podremos canalizar al paciente a los servicios pertinentes que le puedan ayudar a limitar o a rehabilitar el daño presente.

Las alteraciones en las funciones mentales pueden ser la traducción de cambios a nivel de la actividad cerebral y no solo psicológicos. Por tanto, es menester del médico identificar si son cambios esperados para la patología subyacente, parte de la senectud o parte de envejecimiento patológico.

A pesar de que se cree que el deterioro cognitivo comienza con problemas de memoria, sabemos que existen múltiples dominios cognitivos que se pueden ver mermados por varias causas y que se alterarán de diversas formas y grados de severidad según sea su causa. Por ello, existen clasificaciones de acuerdo con la etiología y a las características clínicas presentes, las zonas cerebrales afectadas, etcétera.

El Alzheimer es el TNCM más estudiado y del cual se sabe que el síntoma patognomónico es el deterioro global y progresivo de la memoria y del comportamiento; sin embargo, no todos los TNCM tienen el mismo inicio sintomático ni la misma forma de manifestarse. Incluso identificar problemas mayores a nivel de memoria puede ser sumamente difícil, sobre todo cuando el paciente cuenta con coeficiente intelectual elevado.

La memoria es una de las funciones mentales más importantes. Para fines prácticos se divide en memoria a corto plazo (MCP) -que consta de memoria sensorial, inmediata y de trabajo- y a largo plazo (MLP).

La memoria sensorial se encarga de registrar de primera instancia los estímulos captados por los receptores sensoriales. A ella corresponden la icónica o visual, la auditiva o ecoica, la táctil, la olfativa y la gustativa y se mantiene por poco tiempo.

La inmediata dura un poco más y ayuda a someter la información a un determinado nivel de análisis, mientras que la de trabajo es un sistema activo que nos permite manipular los datos adquiridos, facilitando las tareas de diversos procesos cognoscitivos simultáneamente.

Por otro lado, la memoria a largo plazo se divide en declarativa y no declarativa, que a su vez se dividen de la siguiente manera:

- Declarativa
  - Semántica: Nos ayuda a almacenar conocimientos culturales.
  - Episódica: Codifica los hechos asociados a determinados contextos.
  - Autobiográfica: Está más enfocada en las experiencias de la vida.
- No declarativa: Permite que el individuo se adapte a su entorno debido a la aplicación de automatismos. No puede examinarse de manera consciente. (Da Silva-Rodriguez, 2017)

En la actualidad sabemos que dentro de los trastornos neurocognitivos no solo existe la EA, sino que hay gran cantidad de causas de deterioro con características determinadas que se traducirán en síntomas específicos.

Una de las clasificaciones más aceptadas de acuerdo con las zonas afectadas es la división en TNCM corticales (Alzheimer, degeneración frontotemporal...), subcorticales (demencia vascular, parálisis supranuclear progresiva, atrofia multisistémica, enfermedad de Huntington, esclerosis múltiple, hidrocefalia...) o cortico-subcorticales (demencia de cuerpos Lewi, enfermedad de Creutzfeldt-Jakob, degeneración corticobasal). (Sheriff-Shaik, 2012)

El desconocimiento de los síntomas y las manifestaciones clínicas que pueden presentarse en cada una dificulta su identificación y el diagnóstico adecuado. En ocasiones, al no diferenciar entre estas y sus sintomatologías, el tratamiento otorgado puede no ser el correcto e incluso puede ser más perjudicial que benéfico, además de tardío.

Entre las quejas más comunes emitidas por los familiares de los ancianos que son traídos a consulta están los olvidos, la dificultad para aprender nuevas cosas o para recordar; puede ser una situación normal y totalmente benigna, aunque en algunas personas es el preámbulo de un deterioro mayor. No obstante, es común que el motivo de la consulta de valoración de primer contacto no sean problemas de memoria u olvidos, por lo que al encontrar otras señales es usual que los síntomas cognitivos no sean adecuadamente valorados o vistos por el médico tratante. En ocasiones existen gran cantidad de indicios que generan un mayor problema, convirtiendo los olvidos en una pequeña parte de toda la situación.

Mientras otorgamos consulta al anciano no debemos dejar de lado la evaluación de funciones como la atención compleja, las funciones ejecutivas, el aprendizaje y la memoria, el lenguaje, la habilidad perceptual motora o la cognición social. Para ello existen escalas de evaluación estandarizadas como el examen *minimental* de Folstein (1975) que junto con el análisis clínico nos aportarán información de manera rápida acerca del declive a estos niveles.

A pesar de que el deterioro cognitivo es uno de los problemas de salud a los que diariamente nos enfrentamos en todos los niveles de atención, identificarlo de manera adecuada no siempre resulta fácil debido a la dificultad que existe al evaluar las funciones mentales. Además, los cambios presentes en el anciano con demencia no siempre se muestran de la misma manera; entenderlos es difícil si no se conocen las manifestaciones psicológicas y de comportamiento que conllevan.

Síntomas conductuales y psicológicos de la demencia.

Mientras más avanzado es el deterioro cognitivo, más probable es que el paciente vaya mostrando un sinfín de síntomas que le generen disfunción personal, familiar y social y, aunque existen características clínicas que nos dan luz acerca de la probabilidad de padecer tal o cual tipo de TNCM, no todos se presentan de la misma manera ya que el comportamiento y el pensamiento de cada persona variará de acuerdo con sus experiencias.

Es en dicha situación que quienes atendemos a adultos mayores debemos saber cuáles son los cambios presentes en la forma en la que se conduce cada persona; además es necesario investigar lo que ocasiona que esta situación se presente.

Cuando tenemos en el consultorio a una persona en la que recientemente se han identificado ciertos síntomas como problemas de memoria o alteraciones en el comportamiento, o que ya fue diagnosticada con TNCM, debemos abordar no solo los problemas cognitivos que presenta, sino la repercusión funcional de estos en actividades básicas e instrumentales de la vida diaria.

Existen un sinfín de síntomas que se van presentando conforme avanza el deterioro de las funciones mentales. Dentro de ellos existen lapsos de ansiedad, depresión, alteraciones en el pensamiento, ilusiones o alucinaciones, agresividad, irritabilidad, euforia, apatía, desinhibición, hiperactividad motora, vagabundeo, perseverancia, errores de juicio o de conducta, entre otros; todos ellos englobados en el término síntomas conductuales y psicológicos de la demencia (SCPD), concepto que fue acuñado en 1996 durante un consenso convocado por la Asociación Internacional de Psicogeriatría para aludir a un conjunto de sintomatologías y signos que pueden aparecer en las personas con demencia y que son de dos tipos: los psicológicos -más complejos y elaborados desde el punto de vista mental, que se obtienen a partir de la entrevista con el paciente y sus cuidadores- y los conductuales -más básicos y que se consiguen mediante la observación directa del paciente. (Olazarán-Rodríguez, 2012)

Los SCPD engloban todos los síntomas de alteración de la percepción, del contenido del pensamiento, el estado de ánimo o la conducta que a menudo se presentan en los pacientes con TNCM o demencia ya que los indicios presentados abarcan un sinfín de manifestaciones que hay que conocer y con las que se debe lidiar como, por ejemplo:

- Apraxia: Incapacidad para llevar a cabo los movimientos diestros. Los tres niveles se dividen en cinética, ideomotora e ideatoria.
- Agnosia: Discapacidad para comprender la importancia o el significado de los estímulos sensitivos. No se puede explicar por un defecto de las vías sensitivas o por una lesión cerebral. El término también se ha usado para referirse a la pérdida o deterioro selectivo del conocimiento de objetivos específicos debido a las circunstancias emocionales, como se observa en ciertos pacientes esquizofrénicos, ansiosos y deprimidos. Se produce en el déficit neurológico.
- Afasia: Cualquier alteración de la comprensión o de la expresión del lenguaje causada por una lesión cerebral. Puede ser de tipo sensitivo o motor.
- Agrafia: Pérdida o deterioro de la capacidad para escribir.
- Alexia: Pérdida de la facilidad para leer. No se explica por un defecto de la agudeza visual. (Kaplan, 2009)

Conforme el deterioro cognitivo avanza y las funciones mentales se ven mermadas, los síntomas conductuales y psicológicos propios pueden originar gran sufrimiento al paciente y su cuidador, repercutiendo en la pérdida de la calidad de vida, discapacidad, independencia, institucionalización temprana en residencias y gastos excesivos. Es por ello que es indispensable que tanto médicos como familiares sepan identificar los síntomas, para así abordarlos de la mejor manera desde etapas tempranas.

Al identificar la gran cantidad de síntomas presentes en una persona que cursa TNCM es necesario observar la forma en la que se va presentando el cambio en el pensamiento, el comportamiento, el estilo de vida, el estado de ánimo, entre otras situaciones.

A continuación, se muestran algunas de las formas en las que se presentan cambios en el transcurso de la neurodegeneración.

Ideas delirantes. Decir cosas raras o extrañas.

Una paciente a la que llegué a ver era una mujer de 68 años que fue llevada a consulta por tres de sus hijos, quienes refirieron que dos años antes había empezado a olvidar los nombres de personas y objetos de uso diario, se equivocaba al cocinar y le ponía sal a la leche con chocolate, azúcar a los guisados que no la requerían o tenía dificultad para realizar las labores de la casa tal como estaba acostumbrada.

Esto, a pesar de generarles molestias y dudas, no les fue del todo importante, pues creyeron que era parte normal del envejecimiento.
La situación que los traía a consulta no eran los olvidos ya que podían lidiar con eso, sino el enojo que tenían los hijos debido a las ideas que su madre había expresado, pues los habían enemistado con vecinos y familiares.

Hacia el 2016 le comentó a uno de sus hijos que un vecino tenía la intención de lastimarla y hacerle daño. Aseguraba que, debido a una aparente disputa -ella le pidió al vecino mover unas llantas que había dejado en la calle y que habían invadido parte de su entrada a la casa- el vecino la había demandado y ante ello mostraba temor a que fueran a apresarla. Además aseguraba que la vigilaban.

-Algunos días son personas, otros días camionetas. Yo creo que ahí van los policías...- comentó angustiada la mujer.

Eso generó que su hijo, enojado, decidiera ir a confrontar al vecino y a arreglar la situación.

-¿Cómo es posible que le hagan esto a mi madre por unas simples llantas?-, pensó uno de los hijos. Después de hablar con el vecino se quedó con la duda de si lo que su madre expresaba era o no verdad.

Conforme pasaron las semanas, los hijos se centraron en observar detenidamente la situación que comentaba su madre además de lo que ocurría alrededor de la casa. Entonces pudieron constatar que lo que ella manifestaba acerca de las camionetas no eran más que los clientes del vecino que arreglaba neumáticos. Sin embargo, el miedo que tenía ante la idea de ser lastimada era cada vez mayor.

Varias veces confrontó al vecino con el argumento de que él quería meterla a la cárcel o lastimarla. Incluso reclamaba al vecino, a la gente que pasaba por la calle y a sus familiares.

Aunado a ello en más de una ocasión llegó a comentarle a sus hermanos que sus propios hijos querían lastimarla y que le pegaban. Eso generó discusiones entre tíos y sobrinos, así como distanciamiento familiar. Afortunadamente sus hermanos también notaron los cambios en su pensamiento y que las ideas que manifestaba eran irracionales y, a momentos, absurdas.

Pronto comenzó a tener errores por descuido. Dejaba abiertas las llaves del agua y en varias ocasiones dejó prendidas las hornillas de la estufa, ocasionando que la comida se quemara.

A veces culpaba a los demás manifestando que alguien había entrado a la casa para gastarle bromas o hacerla enfurecer; para que se muriera de un ataque al corazón. Los descuidos comenzaron a calar en los familiares debido al riesgo de que ocurriera un accidente mayor.

En un inicio los familiares creían en lo que decía, lo que generó disputas frecuentes. Un día, tras una discusión, intentó lastimar a una de sus hijas y después a ella misma, con el fin de quitarse la vida. Fue hasta entonces cuando acudió al médico, quien la remitió a psicología.

Una vez valorada por el psicólogo se identificó que, aparte de las ideas delirantes, mostraba deterioro en algunas de las funciones cognitivas como juicio, capacidad de raciocinio, cálculo, abstracción, concentración y memoria, por lo que fue enviada a consulta psiquiátrica para su valoración y seguimiento.

El deterioro que presentaba fue corroborado mediante pruebas psicológicas básicas, de valoraciones clínicas psiquiátricas, de estudios de laboratorio complementarios y de imagen cerebral. Se le dio tratamiento y disminuyeron el miedo, la ansiedad y las ideas delirantes, pero el deterioro cognitivo continuó avanzando.

Identificar los síntomas de deterioro en la mujer ayudó a otorgar a los familiares la información pertinente para que supieran notar las manifestaciones propias del padecimiento. Al inicio no fue fácil entender que se trataba de una enfermedad que evolucionaría, pero poco a poco fueron haciéndose a la idea de que podrían manejar la situación de la mejor manera siempre y cuando ellos conocieran a fondo la patología.

En el transcurso del deterioro neurocognitivo no todos los pacientes experimentarán los mismos cambios en el pensamiento ni el mismo tipo de ideas o delirios[21]. Mientras algunas ideas consisten en situaciones amenazantes, otras pueden ser celotípicas como en el primer caso clínico expuesto en este texto, donde el señor Daniel creía que su hija y el chofer mantenían un amorío a sus espaldas.

Es común que quien empieza con un proceso demencial indique que le roban sus pertenencias, que quienes viven en su casa no son sus familiares, que el domicilio no es propio, que los han despojado de sus cosas, que sus parejas les son infieles, etcétera. Las ideas pueden hacer alusión a gran cantidad de situaciones que los hacen sentir amenazados, vigilados, robados, agredidos o lastimados. Incluso pueden ser de contenido sexual, con ideas de grandeza, pobreza, entre otras.

Identificar la presencia de pensamientos extraños llevará a abordar la manera en la que cada uno experimenta la situación. A menudo esas

---

[21] Un delirio se define como una idea falsa que la persona con demencia cree que es cierta. Por ejemplo, cuando una persona con demencia tiene un delirio, puede pensar que los miembros de su familia le están robando o que la policía lo está siguiendo. Cuando estas ideas delirantes son frecuentes y mucho más intensas se trata de paranoia, trastorno que hace que las personas desconfíen de sus similares sin motivo alguno o de manera exagerada, incluso cuando se trata de sus familiares. https://www.alz.org/documents/greaterillinois/Hallucinations_(Spanish).pdf

ideas influyen en gran parte a la modificación del comportamiento y la situación familiar y social en que se encuentran inmersos.

Constantemente llegan a la consulta familiares agobiados que argumentan que su padre o madre comentan que sus mismos parientes les roban, los agreden, golpean, lastiman o los dejan sin comer. En la mayoría de los casos consideran este tipo de situaciones como embarazosas y desgastantes debido a que a veces llegan a lidiar con policías o trabajadores sociales que acuden a sus casas para verificar la veracidad de la información.

También hay ocasiones en las que tienen que lidiar con otros familiares o vecinos que, sin investigar adecuadamente, juzgan a la familia fuertemente y sin conocer el estado demencial del paciente. Ante ello es común que la familia minimice la sintomatología o estigmatice al afectado, argumentando que dice locuras de manera agresiva.

Muchas veces tanto médicos como familiares confunden la situación y llegan a la consulta asegurando que el paciente sufre alucinaciones o ideas delirantes, lo que es totalmente distinto. La primera es una alteración de la percepción, mientras que la segunda es la transformación patológica del pensamiento.

Como docente trato de hacer énfasis en que los alumnos aprendan a diferenciar dos síntomas psiquiátricos; las ideas delirantes y alucinaciones y, aunque son totalmente distintos, comúnmente, la gente e incluso profesionales de la salud los toma como lo mismo. Oriento al alumno a identificar la sintomatología psiquiátrica tal cual está descrita, pues durante nuestra formación como médicos generales el tiempo invertido a la enseñanza de la psiquiatría llega a ser mínimo.

El trabajo de explorar la calidad del pensamiento de los pacientes nos permite saber si presenta cambios que se traducen en ideas delirantes o en la disminución de la calidad y cualidad del pensamiento.

Alucinaciones.

Al igual que las ideas delirantes, las alucinaciones pueden encontrarse en los pacientes con demencia o deterioro cognitivo a lo largo del proceso neurodegenerativo.

La presencia de ilusiones o alucinaciones ya sea de tipo visual, auditivo, olfativo, gustativo, somático -u otra experiencia sensorial- tienen diferentes formas de manifestarse. Ver sombras, animales o personas que no existen o cuya existencia no puede comprobarse, ver o sentir gusanos o parásitos, escuchar voces o conversaciones, percibir olores o sabores en ausencia de estímulos específicos, debe ser objeto de estudio para conocer las causas que lo provocan.

Durante el proceso demencial no todos los pacientes presentan alucinaciones; sin embargo, en la demencia con cuerpos de Lewy - patología neurodegenerativa que se sobrepone clínicamente con el Alzheimer y el Parkinson, causando el 30% de las demencias en pacientes de entre 60 y 90 años- se asocian las alucinaciones visuales hasta en un 75% de los pacientes (Daffner, 2009). Ante ella la pérdida de neuronas colinérgicas parece tener relación con los cambios cognoscitivos de la enfermedad (como ocurre con el Alzheimer), mientras que la pérdida de neuronas dopaminérgicas tiene relación con cambios extra-piramidales como los vistos en pacientes con Parkinson. (Mc Keith, 2005)

Uno de mis pacientes comentaba que veía descender animales pequeños -parecidos a arañas- por las paredes. Otro aseguraba ver gusanos salir de las coladeras y uno más decía ver gente pequeña bailando a su alrededor, otra más aseguraba haber visto como secuestraban a su nieto, además que también veía víboras por todos lados. Las alucinaciones visuales o auditivas pueden ser acerca de muchos contenidos.

Agitación.

Otro de los síntomas más comunes es la agitación que, según algunos psiquiatras, puede ser la manifestación de la ansiedad en el paciente demente, pero también puede ser secundaria a dolor, delirium u otra situación que será importante atender.

Un día me llamaron de urgencia para atender a un hombre que presentaba un episodio de agitación. Dentro del asilo en el que residía, la hora de la comida transcurría tranquilamente e igual a cada día. Casi todos los ancianos habían terminado de consumir el primer platillo del día, menos el señor Hernán, que apenas había probado bocado, pues tenía dificultades para ingresar la cuchara a su boca. Llevaba tres meses con rigidez en el brazo derecho, una rigidez que se hizo más notoria ese día.

Al ver que se había retrasado en la ingesta de sus alimentos, una de las enfermeras le acercó la cuchara a la boca de manera insistente, pero el señor Hernán apartó con desagrado y rudeza la cuchara. Tras varios intentos por parte de la enfermera, Hernán comenzó a dar manotazos sobre la mesa.

Las enfermeras y algunas cuidadoras se acercaron para ayudar, pero eso solo espantó a Hernán, por lo que comenzó a moverse con mucha intranquilidad.

Mientras trataban de tranquilizarlo dos enfermeras recibieron golpes accidentales, por lo que decidieron llamar a los familiares para que lo llevaran al psiquiatra y le ajustara la dosis de medicamento.

Una vez en el consultorio Hernán se mostró tranquilo e incluso pudo explicar lo sucedido. Padecía demencia cortico-subcortical, enfermedad con la que llevaba diez años lidiando y que, aunque había ocasionado la decadencia de sus funciones mentales, el mayor problema que le ocasionaba era motor.

La enfermedad había cambiado su personalidad, su forma de pensar y de actuar, pero nunca antes había mostrado agresividad ni hacia él mismo ni hacia alguien más; sin embargo, ese día tuvo agitación reactiva debido a la insistencia y brusquedad de la enfermera, quien no respetó la velocidad a la que comía.

La agitación es una de las condiciones más comunes en quienes padecen trastorno neurocognitivo mayor. Puede ser física o verbal y no siempre causa agresividad. Este tipo de conducta debe ser identificada y observada de manera adecuada, pues es común que ante ligeros cambios en el comportamiento o situaciones aisladas se decida realizar el ajuste de la dosis cuando en realidad no se requiere.

Por ello, es necesario identificar si se presenta una vez o repetidamente, así como las circunstancias bajo las cuales se genera. No todos los pacientes con demencia tienen agitación todo el tiempo; tampoco es una realidad que quienes se agitan llegan a agredir.

Mientras unos agreden reactivamente ante situaciones estresantes, otros lo hacen al menor estímulo; es por ello que se debe saber la cantidad y calidad de las agresiones -así como el contexto- y cuantificar mediante algunas escalas.

Caminar sin un fin. Deambulación errática.

En las fases avanzadas del trastorno neurocognitivo es común que exista deambulación errática cuando la memoria y el juicio se han deteriorado de manera importante.
Salir de casa sin rumbo fijo o caminar de un lado a otro sin motivo alguno son una de las manifestaciones del avance del deterioro mental, pues la dificultad que existe para fijarse un objetivo -y la confusión o incapacidad para recordar e identificar el entorno- hacen que la persona pierda el rumbo y la meta.

Cuando realicé mis estudios como residente de psicogeriatría tuve la oportunidad de ver que las familias acudían a valoración psiquiátrica geriátrica ya que el paciente llevaba días o semanas perdido y deambulando solo y sin rumbo por las calles.

En varias ocasiones era gracias al apoyo policíaco, de instituciones gubernamentales o de conocidos que podían encontrar al familiar perdido, pero era hasta ese momento cuando le daban la importancia requerida al problema cognitivo que traía como base.

Recuerdo a uno de mis pacientes que fue llevado a una sala de hospital con los pies vendados. Antes de subir a su habitación lo revisó el servicio de urgencias de un hospital cercano, donde le curaron las lesiones que sufría en ambos pies.

El paciente llevaba tres años batallando contra un proceso demencial. Un día salió de casa sin que sus familiares se percataran. Caminó durante horas sin rumbo fijo, sin saber en dónde estaba, sin comer y sin dormir, por lo que se perdió durante una semana, en esos días disminuyó de peso y volumen corporal. Mostraba varias lesiones en la piel, además de considerables heridas infectadas en las extremidades inferiores que requirieron de limpieza y curaciones diarias.

Muchos pacientes sufren la misma situación. Es común escuchar en las noticias de adultos mayores que se pierden en la calle y algunas veces es posible encontrarlos, pero otras no.

La deambulación errática o vagabundeo no es más que una consecuencia del deterioro de varias funciones mentales que debe identificarse y tratarse con seriedad, pues en gran cantidad de ocasiones no se considera hasta que ocurre una pérdida.

Reacción catastrófica.

Otra de las situaciones que ocurren como consecuencia del deterioro cognitivo son las reacciones catastróficas, es decir, respuestas emocionales o físicas excesivas y de aparición brusca que se manifiestan como súbitos estallidos de cólera, con amenazas o verdaderos episodios de agresividad verbal o física.

Mientras el paciente se mantenga tranquilo y relajado, la familia puede no tener problemas y, por tanto, no precisan de atención médica. Sin embargo, cuando la persona con TNC se muestra intranquila, irritable o agresiva con ellos, ya sea por respuesta a alguna situación que le causa inconformidad o no, acuden con el especialista.

Sin duda alguna la etapa de la vejez está rodeada de muchos estereotipos o estigmas sociales, personales y propios de cada familia. Ante ellos, las reacciones abruptas de agresividad pueden ser vistas como algo normal dentro de la dinámica cotidiana, por lo que son minimizadas o consideradas parte de la demencia que, a decir de muchos, es parte normal de la senectud.

Encontrar la causa de la reacción catastrófica es tarea diaria del médico y del personal de enfermería ya que no todos los pacientes tienen la misma reacción en cuestión de gravedad y, ante ello, existen técnicas psicológicas de contención y manejo que ayudan a evitar el uso innecesario de fármacos.

Agresividad.

No detectar las manifestaciones clínicas de algunos padecimientos psiquiátricos retrasa su identificación y tratamiento. Tanto médicos como otros profesionales de la salud tienen dificultad para entenderlos debido al desconocimiento que tienen de la psiquiatría o por la desacreditación que ha sufrido dicha rama de la medicina a través del tiempo.

Durante décadas, el *vox populi* se ha encargado de estigmatizar fuertemente el quehacer del psiquiatra y a quienes acuden por ayuda; principalmente al creer que todos los pacientes son agresivos o locos, cuando no es así.

Aunque existen padecimientos en los que la presencia de la agresividad puede ser muy evidente, existen otros en los que no tanto. El origen de dicha situación se debe no solo al tipo de padecimiento, sino a la zona del cerebro que esté lastimada.

La agresión puede ser de origen psiquiátrico o neurológico. En algunos tipos de TNC, la presencia de los síntomas no es tan notoria hasta que surge un evento bastante evidente o, por el contrario, es uno de los primeros cambios que se presentan.

En una ocasión llegó al hospital el señor Jacinto, quien fue obligado a acudir a consulta debido a que días antes tomó su auto y viajó durante tres horas con el pretexto de visitar a uno de sus hijos que vivía en otro estado de la República, pero en el trayecto destrozó el auto sin razón aparente.

Al arribar a casa de su hijo el señor permaneció tan solo 20 minutos antes de regresar a casa, retorno que le tomó dos días. Al volver argumentó que las abolladuras del auto se debían a que lo habían chocado; también aseguraba que un policía lo había golpeado antes de dejarlo ir, pero no presentaba un solo rasguño.

La historia parecía inverosímil y no era la primera vez que sucedía algo extraño en su comportamiento, así que sus hijos decidieron que era momento de llevarlo al hospital.

En el servicio de urgencias los hijos comentaron que llevaban aproximadamente año y medio notando cambios en el comportamiento de su padre, pero que él siempre se había mostrado determinado, agresivo e intolerante, por lo que les era difícil hacer comentarios acerca de sus acciones.

Todo empezó cuando una de sus hijas comenzó a escuchar cosas raras durante las llamadas telefónicas que su padre realizaba.

-Me llamaba para reclamarme cosas, así que terminábamos enojados y nos colgábamos. A los cinco minutos llamaba nuevamente y hablaba como si nada hubiera pasado. Antes era rencoroso y podían pasar días sin que volviera a marcar, ahora habla casi al instante y repite conversaciones previas...- indicó la hija, quien, al igual que el resto de la familia, en ese momento no le dio importancia a la situación.

Tampoco le dieron relevancia a la mención de su padre respecto a su visión de gusanos saliendo de las coladeras, animales que se le metían a los ojos y la nariz mientras dormía. Usaba gorra para evitar que ingresaran a su cabeza, pues -según comentaba- los tenía en la ropa, principalmente en los hombros. Jacinto aseguraba que varias personas ya estaban infectadas y que habían sido llevados a hospitalizar con el uso de camiones.

También ignoraron la ocasión en la que el señor Jacinto agredió físicamente a un joven que sin intención rozó su brazo al pasar junto a él a media calle; o las veces que destrozó la carrocería de un automóvil que estaba estacionado afuera de su casa y del clásico que uno de sus hijos tenía en su taller.

Constantemente golpeaba carros, amedrentaba a la gente, se enojaba por nada o amenazaba a los policías cuando lo confrontaban acerca de su modo de manejar, pero lo dejaban ir debido a su edad.

Recibió varias multas de tránsito por manejo o aparcamiento inadecuado, mismas que no pagó.

Con el paso del tiempo se tornó cada vez más agresivo. Sus hijos decidieron pasar por alto sus conductas, pues le tenían miedo. Comenzaron a tener muchos problemas con desconocidos, vecinos e incluso familiares.

El suceso del carro destrozado fungió como la gota que derramó el vaso y ocasionó que los hijos se reunieran y tomaran cartas sobre el asunto.

Lo llevaron al hospital psiquiátrico, donde residió durante un mes mientras se definía el diagnóstico y tratamiento adecuado.

Mediante estudios neuropsicológicos y de imagen cerebral se concluyó que padecía demencia frontotemporal. Sus síntomas eran cambios en la personalidad y alteración del comportamiento y el lenguaje, además de los anteriormente mencionados.

Aunque no todos los pacientes con demencia tienden a ser agresivos, los que cursan con daños a nivel de lóbulos frontales llegan a presentar episodios de agresividad, pues pierden la posibilidad de discernir sobre su actuar ante ciertas situaciones, volviéndose más impulsivos, irritables y cambiantes.

Negativismo.

Comúnmente el negativismo puede confundirse con depresión, apatía o desgana. Este síntoma genera que el paciente deje de realizar actividades cotidianas entre las que pueden encontrarse la alimentación y el autocuidado.

El negativismo se define como la oposición o resistencia -verbal o no verbal- a las sugerencias y consejos externos. Es característico de la esquizofrenia catatónica en la que el paciente se resiste a cualquier esfuerzo para ser movilizado o se enfoca en hacer lo opuesto a lo que se le pide. También se presenta en las fases avanzadas de la demencia. Se considera negativismo activo a aquel que provoca que el paciente realice de manera positiva lo contrario a lo que se espera o desea de él.

En el caso clínico antes expuesto el paciente se muestra reacio a recibir cualquier tipo de ayuda o a realizar actividades.

Las conductas negativas en pacientes ancianos no constituyen un problema clínico poco frecuente en psicogeriatría. Las situaciones en las que una persona de edad avanzada se niega a ingerir alimentos, medicamento o a recibir cuidados se observan con frecuencia en un amplio rango de trastornos mentales geriátricos como los afectivos, de la personalidad o demencias. (Sánchez-Pérez, 2008)

Problemas de sueño.

Los problemas de sueño en una persona con deterioro neurocognitivo son comunes; sin embargo, darles la importancia que requieren algunas veces dependerá de la afectación que provoquen a terceros. Los cambios a nivel de sueño pueden ser tan molestos como el paciente lo refiera (cuando se dé cuenta), o como perjudiquen al familiar.

Es frecuente que mientras el familiar duerma adecuadamente no le dé importancia al problema de sueño de la persona con deterioro neurocognitivo, pero si su sueño también se ve perjudicado, cobrará importancia.

Así ocurre con muchas personas como Amelia, una mujer de 86 años que llevaba casi tres años con cambios en la cognición. Sus hijos pensaron que se debía a la vejez, por lo que no la llevaron a revisión médica sino hasta que comenzó a levantarse a las 3 am para lavar los utensilios de cocina, la ropa y realizar labores del hogar.

Como era de esperarse, el ruido que generaban sus actividades a menudo despertaba a todos los que vivían ahí, desde sus hijos hasta sus nietos, lo que repercutió enormemente en el sueño y productividad de todos.

Al principio pensaron que se trataba de una situación pasajera, pero conforme pasaron las semanas todo empeoró; fue entonces cuando decidieron acudir a valoración médica y, posteriormente, a evaluación psiquiátrica, pero por la repercusión que tenía en la funcionalidad de la familia, mas no para darle la atención médica que requería.

El problema para iniciar o mantener el sueño es constante en adultos mayores y en personas que padecen demencia. La frecuencia de las modificaciones en la arquitectura del sueño y las alteraciones del ritmo cardiaco aumentan con la edad. Aunque alrededor del 40% de los adultos mayores se quejan de una deficiencia en el periodo de sueño, los verdaderos trastornos son menos prevalentes en adultos mayores sanos y están frecuentemente asociados con comorbilidades.

Los trastornos del sueño observados en las personas con Alzheimer comúnmente son similares a los encontrados en ancianos sin demencia. El sueño deficiente da lugar a mayor riesgo de morbilidades significativas e incluso a la mortalidad. Constituye una fuente importante de estrés para los cuidadores. (Bombois, 2010)

Depresión.

En el adulto mayor de 60 años la depresión puede ser uno de los síntomas iniciales del deterioro neurocognitivo. Este síntoma es confundido frecuentemente con apatía o negativismo. Incluso existe un síndrome denominado pseudodemencia en el que se presentan datos acusados de disminución de las funciones cognitivas durante el proceso de depresión y que, contrario a la demencia, cede con antidepresivos.
Es frecuente que los pacientes geriátricos sean diagnosticados con depresión cuando en realidad tienen un cuadro demencial. Por otro lado, el paciente que cursa con demencia puede llegar a presentar tristeza durante el transcurso de la enfermedad.

La depresión se presenta en cerca del 40% de los pacientes con demencia. Mientras que la mayoría de los estudios de depresión por demencia son llevados a cabo en personas con Alzheimer, también es frecuente encontrarla en otros tipos de demencia como la secundaria a un problema vascular isquémico, de cuerpos Lewi o frontotemporal. (Fridman, 2002)

La presencia de depresión en el paciente con demencia puede exacerbar los síntomas cognitivos, haciendo más evidentes los problemas de memoria. Sin embargo, el tratamiento adecuado para el padecimiento puede mejorar el ánimo y la cognición.

Ansiedad.

La ansiedad es una de las condiciones psiquiátricas más encontradas en las personas con deterioro neurocognitivo, aunque no es un síntoma al que se preste mucha atención.

Aceptar que se presentan problemas de memoria no es sencillo. Cuando el deterioro cognitivo es leve y las fallas de memoria llegan a ser evidentes para el paciente, este puede identificar su ansiedad y mostrarse intranquilo por saber lo que está pasando, pero cuando el deterioro cognitivo es avanzado, este síntoma puede confundirse con irritabilidad o agresividad.

Apostolva y Cummings (2008) han observado que a medida que progresa el deterioro cognitivo, entre el 35 y 85% de los pacientes presentan síntomas neuropsiquiátricos como depresión o ansiedad. Ambos padecimientos se han propuesto como posibles factores de riesgo para la demencia. Por tanto, los rasgos de la ansiedad pueden aumentar el peligro de progresión en personas con deterioro cognitivo leve.

La concurrencia de los síntomas de la ansiedad y el deterioro cognitivo leve pueden ser intervenidos desde su origen, teniendo como objetivo ayudar a las personas a prevenir el avance de la demencia. (Xiao-Xue, 2018)

Por lo regular el paciente que va perdiendo la memoria muestra dificultad para continuar las conversaciones o encontrar la palabra exacta a utilizar. Además, se le dificultan las actividades previamente aprendidas y, al verse limitado, se siente ansioso. Esto se nota al evaluar a las personas que son llevadas a consulta debido al deterioro de sus funciones mentales.

Al realizar preguntas para evaluar el estado cognitivo, por lo general los pacientes entran en un estado de ansiedad e intranquilidad que les dificulta responder adecuadamente, pero su estrés no se limita a ello, pues se expande a situaciones ya conocidas que se vuelven difíciles de entender o resolver.

La ansiedad es una causa importante de angustia entre las personas mayores con demencia que les impide conservar la atención y la funcionalidad. De ahí la importancia de que los cuidadores del paciente con problemas de salud mental comprendan e identifiquen las situaciones que generan intranquilidad y aumenten la ansiedad. Es necesario apoyar a las personas antes que obligarlas a realizar las actividades que se les dificultan.

Se estima que la prevalencia de la ansiedad se debe en un 5 y 21% a trastornos relacionados con la misma, mientras que en un 8 y 71% a una consecuencia de la demencia.

La ansiedad es más común en individuos con demencia que sin ella y se asocia con peor calidad de vida, problemas de comportamiento, limitaciones para realizar actividades cotidianas, despertares nocturnos y bajo rendimiento neuropsicológico. No obstante, la ansiedad provocada por demencia también se ha asociado al aislamiento temprano, lo que sugiere que representa un problema particularmente grave para los cuidadores. Además, los síntomas de la ansiedad pueden ser mayores en la demencia vascular que en pacientes con Alzheimer, disminuyendo en las etapas más graves de la enfermedad. (Seignourel, 2008)

Los síntomas de la ansiedad pueden surgir en respuesta a la preocupación que existe cuando se detecta el declive funcional, a los cambios cognitivos que genera, como resultado de la degeneración neurológica o secundario a problemas de otro tipo como enfermedad metabólica, distiroidismo, enfermedad cardiopulmonar, entre otras.
Por lo anterior, debemos observar adecuadamente al paciente para saber cuál es el origen de su intranquilidad y abordarla de la mejor manera posible, evitando que crezca y limite su funcionalidad.

Apatía.

La apatía es otro de los síntomas conductuales que se confunde con la depresión. Mientras en la segunda el estado de ánimo es de tristeza, en la primera se pierde la motivación. Esto puede ser resultado de daño a nivel del lóbulo frontal y manifestarse de primera instancia en el transcurso de un déficit neurocognitivo sin que sea identificada adecuadamente.

La pérdida de la motivación puede llevar a la persona a aislarse, a disminuir la cantidad de acciones que realiza o a tener un decremento en la socialización, su autocuidado, el lenguaje, etcétera.

Un día llegaron al consultorio dos hombres, uno joven y uno anciano. El primero de ellos me expresó que llevaba a su abuelo porque estaba triste y tenía como seis meses con el mismo estado de ánimo. Había dejado de hacer sus cosas y pasaba el tiempo sentado frente al televisor aun cuando no estuviera prendido.

Al interrogarlo acerca de si existía algún factor estresante que hubiera originado la depresión, el joven comentó que la presencia de la sintomatología había sido paulatina y que, con el paso del tiempo, no solo había dejado de hacer las cosas que le gustaban, sino que ya no trabajaba ni salía de casa.

Su vida social había disminuido, no salía a caminar como antes, no mostraba interés por nada, ni por el medio externo, ni por su propia persona. Durante el interrogatorio mencionó nunca haberlo visto triste, pero sospechaba de depresión debido a que jamás lo había visto tan pasivo; sin embargo, no había mencionado que se sintiera así; únicamente decía haber perdido las ganas de realizar actividades.

Junto con la valoración clínica, el paciente fue analizado a través de pruebas neuropsicológicas que mostraron -además de la apatía- cambios a nivel cognitivo que demostraban la abolición de varios dominios mentales. Dichos estudios se correlacionaron con estudios de imagen cerebral y con una tomografía computarizada de cráneo que mostró una acusada disminución del volumen de la corteza del hipocampo, así como una gran cantidad de lesiones micro-vasculares, principalmente en el área frontal. El paciente estaba sufriendo un proceso degenerativo a nivel cerebral.

La apatía es un cambio conductual y de personalidad que se observa de manera prominente en pacientes con Alzheimer. Generalmente se define como la pérdida de motivación que se manifiesta en comportamientos de iniciación disminuida, de persistencia pobre, falta de interés, indiferencia, bajo compromiso social, respuesta emocional embotada y falta de perspicacia no atribuibles a la disminución de los niveles de conciencia, deterioro cognitivo o angustia emocional. (Starkstein, 2001)

Es un síntoma frecuente en todos los tipos de demencia, aunque es más común en la demencia frontotemporal (FTD) y la vascular. La primera de ellas es un grupo clínico -patológicamente heterogéneo- de demencias distintas al Alzheimer, caracterizadas colectivamente por una atrofia progresiva relativamente selectiva que involucra los lóbulos frontales, temporales o ambos. Se han descrito casos desde finales del siglo XIX, principalmente por Arnold Pick, quien prestó su nombre a la designación histórica de todo espectro de FTD como la enfermedad de Pick.

La FTD suele aparecer en la sexta década de vida, pero puede iniciar desde la tercera o hasta la novena. De acuerdo a sus características, existen tres síndromes de este tipo:

- Demencia frontotemporal de variante conductual.
- Afasia progresiva primaria.
- Demencia semántica.

La demencia vascular, un grupo heterogéneo de trastornos cerebrales en los cuales el deterioro cognitivo es atribuible a patologías cerebrovasculares, es responsable de al menos 20% de los casos de demencia, siendo el segundo después de la enfermedad de Alzheimer (EA). Las consecuencias de la enfermedad cerebrovascular no solo se limitan al deterioro cognitivo, sino también a la exacerbación de síntomas propios de otros trastornos neurodegenerativos.

La FTD tiende a ser persistente y a asociarse con el incremento del deterioro disfuncional, con una mala calidad de vida y severidad de la enfermedad. (Ford, 2014)

Este síntoma puede ser uno de los primeros en ser identificado dentro del proceso demencial y, debido a que comúnmente se presenta comórbido con depresión, el tratamiento utilizado suele incluir medicamentos antidepresivos.

Desinhibición.

La desinhibición puede mostrar muchas caras: desde síntomas de híper sexualidad hasta imprudencias o la pérdida de modales que previamente se tenían. Esto puede apenar a la familia del paciente debido a que los coloca en un predicamento. Aunque algunas situaciones pueden tomarse con diversión, otras pueden rebasar límites y trasgredir las normas morales e incluso las sociales.

Según el diccionario Oxford, el término ha sido definido como el comportamiento de la persona que ha perdido la vergüenza o el miedo que le impedían actuar de acuerdo a sus sentimientos, deseos o capacidades.

He sido testigo de varias de estas manifestaciones en pacientes que se muestran jocosos durante las conversaciones o en aquellos que se desnudan y salen corriendo de un lado a otro sin percatarse de las normas sociales o propias de cada lugar.

Durante las entrevistas que realicé en mi época como residente recibí a una familia que acudió para la evaluación de su madre, a quien se le dificultaba moverse. Mostraba rigidez y temblores característicos de Parkinson; sin embargo, aún no la habían llevado con un neurólogo debido a que en ese momento le daban mayor importancia a los cambios de su personalidad.

La mujer era una persona rígida y muy estructurada tanto en el trabajo como en las actividades de su hogar, además de extremadamente respetuosa. Según sus hijos, siempre había guardado la formalidad descrita en el Manual de urbanidad y buenas maneras de Antonio Carreño, pero su rigidez se convirtió en un obstáculo porque provocó cambios considerables en su personalidad.

-Eructa en la mesa sin decoro alguno... Emite flatulencias mientras come o conversa, riéndose y hasta jactándose de haberlo hecho- declararon sus familiares, a quienes les parecía muy extraño su comportamiento.

Conforme pasó el tiempo los hijos comenzaron a escuchar que las pláticas de su madre habían cambiado de contenido. De repente hablaba de cosas sexuales, cuando nunca había tocado el tema por considerarlo como algo sucio.

En ocasiones se tocaba los genitales por encima de la ropa incluso frente a su hijo, y comenzó a utilizar palabras altisonantes e hirientes. A pesar de que siempre había sido rígida en cuanto a la educación de sus hijos, nunca les había hablado con groserías.

En dicha paciente las diversas valoraciones tanto psiquiátricas como neuropsicológicas demostraron cambios en diversos dominios cognitivos, principalmente en el del juicio, mientras que los estudios de imagen cerebral mostraron que padecía degeneración cerebral en varias zonas de la estructura de la corteza y la sub-corteza.

::::::::::::

A menudo, el deterioro neurocognitivo es enmascarado por otros síntomas neuropsiquiátricos o bien el clínico tiene dificultad para identificarlos, pues normalmente se consideran que de primera instancia se presentan déficits en la memoria, lo que no es así.

Los síntomas neuropsiquiátricos son comunes en la población de pacientes con demencia e impactan negativamente en la salud del individuo y sus respectivos cuidadores. La etiología de dicha variedad de síntomas es multifactorial y, al realizar la evaluación, siempre se deben tomar en cuenta los síntomas de presentación y las diversas causas potenciales y factores contribuyentes. (Ford, 2014)

Reconocer el grado de intensidad con el que estos cambios psicológicos o conductuales se presentan y afectan al paciente y su familia nos dará la oportunidad de observar el grado de estrés que se vive en casa y si alguno de los familiares sufre sobrecarga de cuidador.

El tratamiento para este tipo de síntomas debe incluir modificaciones al entorno físico en el que se desenvuelve el paciente, adecuación temporal al día y la noche, el establecimiento de medidas de higiene, del sueño y la práctica de actividades físicas que vayan de leves a moderadas ya que se ha visto que el ejercicio ayuda a disminuir la severidad de síntomas como ansiedad, depresión, intranquilidad, agresividad, problemas de sueño, entre otros. Es recomendable incluir actividades artísticas que ayuden a la neuro-plasticidad y a disminuir la velocidad de la progresión del deterioro.

El monitoreo constante de los medicamentos del paciente es vital ya que en ocasiones las dosis son insuficientes o excesivas, por lo que es necesario ajustarlas para evitar efectos adversos nocivos.

La evaluación física periódica, la valoración especializada y la realización de estudios sanguíneos ante posibles cambios en la severidad de los síntomas puede ser de gran ayuda ya que la presencia de infecciones en vías urinarias, respiratorias, gástricas, los problemas de sueño, cambio en la frecuencia de las evacuaciones o la deshidratación pueden alterar el estado clínico del paciente y generar el aumento de síntomas o la presencia del síndrome confusional agudo (delirium), lo que ocasionará mayor deterioro.

Afortunadamente cada vez más personas se interesan en valorar sus funciones cognitivas antes de llegar a la vejez o estando en ella.
Ante el creciente índice de personas con deterioro, varios familiares, en su afán de identificar la presencia de patologías cognitivas, buscan asesoría. Eso nos da la oportunidad de identificar los cambios desde etapas tempranas para poder establecer el tratamiento óptimo de manera oportuna.

La posibilidad de reconocer a una persona con Alzheimer o deterioro neurocognitivo de otro tipo es cada vez mayor dado el aumento en la cantidad de ancianos y la labor que se está haciendo para reconocer los cambios en su salud desde los niveles de atención más básicos.

Esto nos hace reflexionar acerca de que en algún momento nos puede pasar, más aún cuando uno de nuestros familiares lo padece. Por tal motivo debemos hacer énfasis en el conocimiento de estos padecimientos y en su tratamiento.

Aunque en nuestra sociedad no se acostumbra a tener un buen cuidado de la salud física, y menos aún de la salud mental, es cada vez más común que las personas busquen la mejor forma de cuidar tanto sus cuerpos como sus mentes.

Ya sea con revisiones médicas periódicas o con terapias alternativas, la gente busca dar mejor atención a su propio cuerpo. Sin embargo, aún nos encontramos ante un panorama difícil tanto por la ignorancia general como por las medidas terapéuticas que, en ocasiones, son insuficientes.

Es importante que las personas sepan que -aunque cursen con deterioro neurocognitivo- no todos precisan medicación. La rehabilitación neuropsicológica -como la reminiscencia- es una herramienta bastante efectiva que nos ayuda a mejorar la calidad de las funciones mentales. No obstante, la revisión periódica debe realizarse a fin de detectar algún grado de déficit.

La asesoría familiar acerca de este tipo de padecimientos es sumamente importante ya que ayuda a reducir el estrés que genera la situación.

Aunque situaciones como el viejismo nos hacen minimizar muchas conductas y nos llevan a pensar que ´chochear´ es algo propio del anciano, debemos informarnos más a fondo acerca de la identificación de los cambios desde sus etapas tempranas.

Si bien es cierto que el detrimento cognitivo se traduce en la merma de las funciones cognitivas, actualmente se estudia si existen datos de deterioro en la personalidad que nos puedan mostrar los inicios de un problema cognitivo leve o de demencia en la etapa inicial.

Infortunadamente, los tratamientos actuales aún están lejos de ayudarnos a cortar de tajo el deterioro progresivo presente en las enfermedades neurodegenerativas, pero identificar el proceso demencial desde las primeras etapas es un reto cada vez más fácil de vencer. Esto nos da ventaja al prescribir un tratamiento cada vez más oportuno y, con ello, detener la velocidad del deterioro.

CAPÍTULO 11

SÍNTOMAS CREPUSCULARES

Por lo regular la llegada de la tarde era un momento en el que la familia Suárez se preparaba para terminar los pendientes del día. Al ocultarse el sol, los miembros de la casa iban llegando poco a poco. Era el momento ideal para que Rebeca se apresurara a terminar las labores del hogar que habían quedado inconclusas, pues más tarde iría al asilo por su madre, quien padecía Alzheimer.

El Alzheimer que sufría había ocasionado que tanto Rebeca como sus hermanos decidieran buscar una casa de asistencia para poder llevarla cada mañana. Todos creyeron que dejarla vivir ahí sería una crueldad, aunque no era así.

Lo más difícil de la enfermedad había sido aceptarla, pues ellos sabían que se trataba de un padecimiento que se presentaba en ancianos y no en menores de 60 años.

Al final de su sexta década, la madre de Rebeca aún trabajaba y estaba a unos años de jubilarse como maestra, pero tanto sus compañeras como la directora de la institución en la que laboraba notaron cambios en su comportamiento y en su desempeño diario. La gente a su alrededor pudo verlo, incluso la familia, todos menos ella.

Sus hijos la llevaron con varios médicos debido a la ansiedad que mostraba al realizar sus actividades. Desde el inicio de su padecimiento buscaron ayuda hasta que encontraron a un neurólogo que les explicó a detalle el problema.

–Todo comenzó como una depresión que se tornó en ansiedad,

posteriormente comenzó a hacer cosas que no eran normales, al menos no para ella o para nosotros, que estábamos acostumbrados a que las realizara de otras formas– comentó Rebeca.

Llevaba más de ocho años con deterioro cognitivo lento y progresivo, ocho años durante los que se preocuparon por descubrir lo que estaba pasando, pero, sobre todo, porque alguien les dijera con certeza que su madre padecía algo más benigno que el Alzheimer; sin embargo, todos los estudios de imagen cerebral, las pruebas neuropsicológicas y los datos clínicos apuntaban hacia dicho problema neurodegenerativo. Rebeca y sus hermanos no tuvieron otra opción más que aceptar la enfermedad de su madre y apoyarla.

Tras escuchar las opciones de tratamiento que ofrecía cada médico, decidieron que lo mejor era mantenerla ocupada con sus actividades en casa y que -de dos a cuatro veces por semana- acudiera a un centro cultural y a terapias de rehabilitación con la psicóloga que le había realizado las pruebas, además de recibir el tratamiento prescrito por el neurólogo.

Ante ello, los primeros meses fueron difíciles, pero poco a poco todos entendieron mejor el problema y aprendieron a manejar las situaciones que conllevaba. Todos se involucraron en ayudar a su madre y, hasta ese momento, todo marchaba bien. Llevaba dos años asistiendo al asilo cada mañana, mostrando buen comportamiento y conviviendo de buena manera con los demás residentes. Comía bien, participaba en casi todas las actividades del lugar y siempre la veían de buen humor.

Pero no todo era color rosa, pues poco a poco había perdido ciertas funciones mentales. Ya no recordaba el nombre de las personas y, en ocasiones, tampoco el de sus hijos o nietos; únicamente recordaba bien a sus tres hermanas y a dos de sus hermanos.

Ocasionalmente confundía a Rebeca con su madre debido a su gran parecido. No salía sola a la calle o a visitar a alguna de sus amigas, no recordaba cómo utilizar el teléfono ni los aparatos para cocinar, no podía encender la televisión, no leía ni escribía a pesar de lo mucho que le gustaba y no recordaba cómo peinarse, bañarse o vestirse, por lo que precisaba supervisión y ayuda constante.

Durante las conversaciones se limitaba a sonreír y a responder con frases cortas o monosílabos. Aseguraba entender lo que se comentaba, pero parecía que la realidad era contraria.

La evolución de su padecimiento era discreta, pero cada vez más limitante. Los síntomas se habían presentado paulatinamente sin generar cambios en la medicación hasta que, en el otoño del 2017, comenzó a mostrar cambios de comportamiento. Casi a diario se agitaba e intranquilizaba cuando volvía a casa.

–Se veía con mucho miedo, gritaba, decía que había personas que no existían... A nosotros nos aseguraba que le queríamos hacer daño y que le queríamos robar sus pertenencias... Decía que mis hermanos y yo éramos unos intrusos y desconocidos, que la casa en la que estábamos no era suya...– aseguró su hija.

Al principio, Rebeca pensó que tal vez, dentro del asilo, le habían dado algún medicamento de más o que algo pasaba a la hora de la comida que la intranquilizaba. Al preguntarle a los enfermeros, cuidadores y encargados del establecimiento, le comentaron que durante la mañana no mostraba síntomas y que no era necesario darle medicamento extra; le aseguraron que, de ser necesario, le avisarían previamente tanto a ellos (los familiares) como al médico tratante.

La doctora encargada del asilo comentó a Rebeca que ese tipo de comportamiento en ocasiones se presentaba y que había momentos en los que varios residentes mostraban indicios similares debido a la evolución del padecimiento. Dichos indicios eran denominados síntomas crepusculares y requerían la valoración del neurólogo o psiquiatra a fin de estabilizar su comportamiento, de ser necesario, con medicación.

Los síntomas crepusculares -también conocidos como *sundowning* o *delirium nocturno*- son un fenómeno clínico común manifestado por la emergencia o el incremento de la sintomatología neuropsiquiátrica en la tarde o noche. Particularmente ocurren en personas con deterioro cognitivo, demencia o en ancianos institucionalizados.

Sundowning es un término descriptivo y no un diagnóstico psiquiátrico formalmente reconocido en el DSM-IV-TR. Los síntomas que lo preceden son confusión, desorientación, ansiedad, agitación, agresión, deambulación, resistencia a la redirección o gritos. Otras características clínicas incluyen cambios en el estado de ánimo, actitud anormalmente demandante, suspicacia y alucinaciones visuales o auditivas. Esto se presenta en alrededor del 2.4 y 25% de los diagnosticados con Alzheimer y es considerado el segundo tipo de conducta disruptiva en pacientes institucionalizados tras el vagabundeo. (Khachiyants, 2011)

La severidad del deterioro cognitivo puede ser un factor predisponente importante para el desarrollo del síndrome. Las causas son poco claras, pero existen muchas teorías respecto a su aparición que pueden definirse en tres grupos: fisiológicos, psicológicos y ambientales.

Se ha propuesto que condiciones como el síndrome de dolor debido a artritis, enfermedad pulmonar, reflujo gastroesofágico, incontinencia, hipertrofia prostática benigna y las condiciones psiquiátricas pueden contribuir al inicio de los síntomas (Cipriani, 2015). Sin embargo, se ha sugerido que la deprivación sensorial, los trastornos del ritmo circadiano y del sueño, la respuesta mal adaptativa a factores ambientales, los cambios en la temperatura corporal, la medicación y condiciones psiquiátricas comórbidas son algunos de los factores que influyen en la aparición del síndrome. (Khachiyants, 2011)

Su diagnóstico es meramente clínico y se caracteriza por una amplia variedad de síntomas afectivos, cognitivos y anormalidades en el comportamiento que pueden tener un patrón temporal.

Para su tratamiento, además de los ajustes a la medicación de base y a las situaciones que puedan generarlo, también se ha recomendado terapia de luz brillante, melatonina, inhibidores de la acetilcolinesterasa, medicación antipsicótica o modificaciones ambientales. (Khachiyants, 2011)

Las siguientes opciones de manejo han sido sugeridas como posibles intervenciones para anormalidades conductuales en la demencia que, teóricamente, también podrían ser efectivas para el síndrome (Cipriani, 2015):

- Terapia de luz.
- Musicoterapia.
- Aromaterapia.
- Educación de cuidadores.
- Estimulación multisensorial.
- Terapia de presencia simulada.

Una mayor comprensión del síndrome crepuscular puede conducir a intervenciones ambientales, conductuales o farmacológicas más efectivas. (Cipriani, 2015)

Mientras más se conozcan este tipo de situaciones, tendremos más herramientas para apoyar a los pacientes con deterioro cognitivo, pues el manejo farmacológico no siempre debe ser la primera opción de tratamiento.

Casos como el de la madre de Rebeca son comunes. Desafortunadamente, ante situaciones similares, el desconocimiento acerca de los síntomas y de las posibles formas de tratamiento llevan a la medicación indiscriminada en los pacientes con estas características.

Si bien el ajuste a las medicaciones es una buena medida, las intervenciones no farmacológicas juegan un papel importante en el tratamiento de esta situación.

CAPÍTULO 12

LA ABUELA CON ACTITUD DE ADOLESCENTE

Tras enterarse de que su nieta de ocho años había sido víctima de un ataque violento (sin abuso sexual), la señora Katia comenzó a cambiar su comportamiento de una manera bastante notoria.

Según sus hijas, era la segunda ocasión en la que veían que presentaba sintomatología de ese tipo. La primera vez había ocurrido diez años antes, cuando su nieta más grande fue víctima de violación.

En ambos momentos el cambio de comportamiento de Katia fue tan marcado que los familiares buscaron ayuda médica y religiosa para aliviar el dolor causado por la situación, pues por momentos se les salía de las manos y, por tanto, no sabían qué hacer o cómo reaccionar.

Desde la primera vez que presentó síntomas, el cambio más notorio fue que de un momento a otro comenzó a comportarse como si fuera una niña de siete años. Hablaba como niña, jugaba como tal e incluso su voz había cambiado. Quería ser tratada como pequeña y, mientras se comportaba así, comentaba lo feliz que estaba porque se aproximaba el momento de celebrar su primera comunión, lo que le ocasionaba mucha emoción. La segunda vez fue igual.

Algo que llamó la atención de los familiares fue que durante dichos episodios comenzó a confundir a una de sus hijas con su madre y a su esposo con su padre.

Por momentos estaba triste o intranquila; tenía un miedo exagerado ante la presencia de varones, principalmente de aquellos que eran

delgados, altos y con cabello cano. A veces, cuando salía a la calle, tras toparse con un hombre así, salía corriendo a casa y se encerraba en su cuarto a llorar con mucha fuerza durante varios minutos.
Al verla así sus hijas y nietas preguntaban la causa de su sentir, pero Katia no contestaba, solo se concentraba en sollozar o llorar mientras permanecía sentada en el suelo.

En otras ocasiones, sin razón aparente, se enojaba y acto seguido empezaba a gritar desesperadamente. Según una de las hijas «parecía que le daba pánico». La veían agitada, respiraba profundamente, se movía mucho y era incontrolable. «Se comportaba como una niña chiquita haciendo berrinche... parecía que era ella quien sufría la violación».

Ninguna de las hijas la había visto así antes. Incluso su marido desconocía ese tipo de comportamiento.

Con el paso de los días los síntomas fueron tomando mayor fuerza, por lo que comenzó a aislarse. A pesar de sus momentos de bienestar, tenía cambios abruptos y reacciones emocionales exageradas cada vez que se mencionaba el tema.

Su familia optó por no volver a mencionar las circunstancias de las nietas para que no se tornara agresiva. Incluso ella evitaba conversar acerca de esto o de los sucesos negativos que pasaban en su comunidad.

A veces parecía que solo se mantenía a la expectativa de lo que pasaba a su alrededor y cuidándose de los demás. Actuaba como si se escondiera de alguien o algo. Vigilaba su entorno.

Comenzó a dormir cada vez menos y a manifestar sus pesadillas. Dicha alteración estuvo acompañada de la exacerbación de los demás síntomas, lo que la llevó a hospitalización de dos días con el fin de sedarla e inducirle el sueño para que se pudiera estabilizar. Fue así como mejoró, pero no totalmente. Acto seguido fue canalizada al servicio de psiquiatría.

La primera vez que sus hijas vieron lo que le sucedía la llevaron al médico, quien les dijo que sufría una crisis nerviosa. Le prescribió medicamento ansiolítico, mismo que tomó durante varios años debido a que la sintomatología no disminuía ni se quitaba; contrario a ello, se exacerbaba ante la presencia de situaciones de tensión.

La segunda vez fue llevada a valoración psiquiátrica de primera instancia en la que sus familiares descubrieron que había presentado la misma sintomatología durante su adolescencia, pero que en aquella ocasión cedió hasta desaparecer casi por completo. También se enteraron de que cuando era pequeña había sido víctima de violación, suceso que le provocó un estrés tan grande que la había afectado por el resto de su vida.

Su violación fue pasada por alto por su familia. Nunca fue tratada debido a que su madre decía que era mejor que se quedara callada. Ante esta situación, su cuerpo reaccionó con ´ataques´ -alteraciones en el comportamiento- como los que ahora notaban su esposo y sus hijas, con la diferencia de que en la tercera ocasión requirió atención psiquiátrica.

::::::::::

Según se cita en el DSM-5 (2013), el trastorno de estrés postraumático es una enfermedad de salud mental que se origina tras la exposición a la muerte, a una lesión grave o a violencia sexual ya sea real o de amenaza ante una o más de las siguientes situaciones:

- Experiencia directa con el suceso traumático.
- Presencia directa del suceso ocurrido a otros.
- Conocimiento de que el suceso traumático ha ocurrido a un familiar o amigo íntimo.
- Exposición repetida o extrema a detalles repulsivos del suceso.

Además, debe existir la presencia de uno o más de los siguientes síntomas:

- Recuerdos angustiantes recurrentes, involuntarios e intrusivos del suceso.
- Sueños cuyo contenido está relacionado al evento.
- Reacciones disociativas en las que el sujeto siente o actúa como si se repitiera lo ocurrido.
- Malestar psicológico intenso o prolongado al exponerse a factores internos o externos que simbolizan o se parecen a un aspecto del suceso.
- Reacciones fisiológicas intensas.

Asimismo el paciente evita persistentemente la presencia de estímulos asociados al suceso, alteraciones negativas cognitivas y del estado de ánimo, variaciones importantes de las alertas y reactividad asociada al evento. Todo ello superando el mes de duración.

En este caso, el estrés postraumático no había sido considerado como el problema base de Katia, por lo que había sido tratada superficial y parcialmente.

Se le había diagnosticado trastorno de ansiedad con síntomas depresivos, pero no de estrés postraumático. Algunos comportamientos habían sido catalogados como simples berrinches y, por obvias razones, el tratamiento no era el óptimo.

Comúnmente los pacientes con esas características solo son vistos de manera superficial dado que su padecimiento comparte muchos síntomas con los trastornos de ansiedad generalizada y el depresivo; sin embargo, la presentación de la enfermedad muestra características tan específicas que no deberían pasarse por alto, como los cambios abruptos en el comportamiento, la re-experimentación, los síntomas disociativos, entre otros.

Fue evidente que cuando Katia se enteró de los sucesos de sus nietas vivió los eventos como amenazas directas a su integridad y en ambas ocasiones, acto seguido, revivió la experiencia traumática sufrida en su infancia. Por ello, como respuesta, sufría, cambiaba su comportamiento de forma abrupta y comenzaba a comportarse como niña. Además, la respuesta física que presentaba era casi inmediata y bastante acentuada.

En el último episodio, dicha sintomatología duró alrededor de seis meses antes de ser identificada y tratada de forma adecuada, y conforme el tiempo pasaba los síntomas fluctuaban y el bienestar de Katia por momentos aparecía.

Dentro de las situaciones que fácilmente dejan huella en la vida de las personas se encuentran las catástrofes naturales o producidas por el hombre (guerras), combates, accidentes graves, ser testigo de la muerte violenta de alguien, ser víctima de tortura, terrorismo, violaciones o de algún otro crimen. No es necesario que el sujeto viva los sucesos en carne propia para que lo marquen de por vida.

En el caso de Katia sufrían tanto ella como sus nietas.

Desgraciadamente, aunque en nuestra sociedad la violación es un acto penado, se trata de un acto muy común y cuyas consecuencias pueden ser catastróficas, al grado de modificar la manera en que las personas experimentan el mundo.

Tal como ocurrió con Katia, al momento de la presentación del cuadro fueron sus nietas y no ella las víctimas del ataque, pero la situación amenazante le produjo experimentar nuevamente los sentimientos y hechos, además de sufrir una intensa respuesta física y emocional que duró varios meses en cada ocasión, pero no todos los síntomas desaparecieron entre el primer y segundo episodio.

Esta situación, en pequeña proporción de las personas, puede volverse crónica y evolucionar hasta transformar persistentemente la personalidad.

Al investigar un poco más de cerca fue evidente que Katia era una persona difícil de tratar. Recta, intolerante a las fallas de los demás, seguía reglas de una forma ceremoniosa, no amaba ser puntual, pero odiaba la impuntualidad, era desesperada y, según sus hijas, ella misma era desesperante, inquisidora, ordenada y meticulosa al hacer sus cosas.

Hablar de temas sobre sexualidad siempre le generó intranquilidad, por lo que prefería evitarlos. Para ella el matrimonio era más bien una obligación social y no un gusto, aunque parecía que su marido la trataba bien, a ella le incomodaba tenerlo cerca.

Su esposo falleció dos años después de que inició el tratamiento psiquiátrico, tras lo que refirió sentirse mejor al vivir sola. Durante ese lapso mostró un poco de mejoría.

Aunque se casó por convicción, era evidente que no le gustaba estar cerca de su marido o de otros hombres. Se sentía incómoda al tener la sensación de poder ser atacada nuevamente.

Luego del suceso vivido por la nieta mayor su personalidad cambió abruptamente. Dejó de ser aseada, meticulosa, inquisitiva, ordenada y lo cambió por convertirse en alguien triste, desganada e irresponsable con su persona y con las labores del hogar, pero con el paso de los meses fue recuperando parte de la funcionalidad que había perdido.

El reto con Katia fue el ajuste de su tratamiento y el trabajo psicológico, pues era evidente que, por los rasgos de su personalidad, se negaba a trabajar con el psicólogo los temas que más problemas le habían ocasionado.

Cuando empecé a tratar a Katia me refirieron a otra persona para darle seguimiento a su enfermedad, así como para reajustar su tratamiento farmacológico. Esa paciente, había sido diagnosticada con trastorno límite de la personalidad (TLP) debido a que el síntoma más evidente que presentaba eran alteraciones en el comportamiento y autolesiones en antebrazos y en las piernas. Sin embargo, los síntomas eran diferentes a los normales para dicho diagnóstico, por lo que tanto al psicólogo como a mí nos quedó la duda sobre la apreciación clínica. Además, era difícil que se presentara el padecimiento debido a la edad de la paciente, por lo que decidimos continuar el tratamiento mientras investigábamos más.

Según la nota del médico que la refería, la señora Enriqueta comenzó a lesionarse a alrededor de los 53 años, cinco antes de ser evaluada por vez primera y tras tener problemas con uno de sus hijos que había comenzado a experimentar el consumo de alcohol en grandes cantidades, cambiando su comportamiento de manera violenta y agresiva.

Ante la actitud del hijo Enriqueta comenzó a actuar como niña de cinco años argumentando que él se comportaba de la misma manera. Los familiares lo notaron, pero lo minimizaron incluso cuando fueron interrogados. Ni ellos ni la paciente hablaban de la situación debido a que la consideraban vergonzosa.

Lo incómodo del alcoholismo de su hijo le hacía recordar a la persona que la había violado de pequeña, es decir, a uno de sus tíos que constantemente consumía alcohol y que, aunque la trataba bien y nunca la había golpeado, un día decidió violarla.

Los abusos se llevaron a cabo en múltiples ocasiones durante tres años y, por miedo o vergüenza, nunca comentó lo que ocurría, pero un día, en medio de una consulta psicológica, cursó síntomas disociativos y mostró un cambio abrupto en su comportamiento, por lo que fue remitida a psiquiatría para ser valorada.

De acuerdo al DSM-5 (2013), los síntomas disociativos que se presentan por trastorno de estrés postraumático pueden tener características de despersonalización, es decir, de experiencias persistentes o recurrentes de desapego, como si uno mismo fuera observador externo del propio proceso mental o corporal. También pueden ser de desrealización, que se refiere a la experiencia persistente o constante de irrealidad del entorno. Esto último era lo que le pasaba constantemente a Enriqueta.

Durante la entrevista con el psicólogo refirió haber sufrido la violación, situación que cambiaba su comportamiento al ser recordada. La investigación sobre esto fue retomada y confirmada posteriormente. A partir de ese momento tanto el enfoque psicológico como farmacológico cambiaron.

La familia de Enriqueta se sentía muy incómoda con la situación debido a que, según ellos, tenían en casa a una abuela con actitud de adolescente que gritaba, pataleaba y hacía berrinches cuando no se llevaba a cabo lo que ella quería. No entendían el origen de los síntomas ni el impacto que tenían en la vida de su madre, pero sí el impacto que tenían en sus vidas.

En la consulta posterior al evento de disociación, Enriqueta fue interrogada nuevamente acerca de su historia de vida y los síntomas enfocados al estrés postraumático. En ese momento se confirmó el antecedente de violación y las consecuencias que tuvo en su salud. También se interrogó a los familiares, quienes comentaron la sintomatología que habían callado la primera vez.

Durante el interrogatorio la paciente cumplió con los criterios para trastorno por estrés postraumático, obteniendo como resultado la falta de tratamiento integral para todos sus síntomas.

Uno de los obstáculos que impedían recabar la información era su falta de memoria respecto a los cambios que había experimentado desde el inicio. A ello se sumaba la humillación que sentían los familiares al desenmascararlos. El único síntoma evidente eran los cortes que se realizaba en las extremidades.

Durante muchos años la búsqueda de información médica se centró en un trastorno límite de la personalidad por el que fue tratada hasta que sufrió disociación durante una de las consultas psicológicas, lo que conllevó el ajuste del tratamiento farmacológico y la modificación de las técnicas de atención.

Tras ello, la paciente comenzó a estabilizarse y a mejorar. Unas semanas después dejó de cortarse y de experimentar síntomas disociativos, pero a pesar de la mejoría los hijos continuaron consumiendo alcohol y minimizando el padecimiento y sufrimiento de su madre.

Afortunadamente, con el paso de los meses la sintomatología fue cediendo y su control fue cada vez más fácil de llevar. Identificar el problema no fue sencillo ni para nosotros ni para los médicos anteriores; sin embargo, una vez que logramos detectarlo fue más sencillo abordar la situación.

::::::::::

Aunque en el anciano no es muy común que se identifiquen síntomas de estrés postraumático, dicho padecimiento no es tan infrecuente, por lo que no debe pasarse por alto como una posibilidad ya sea porque cursan con el trastorno desde la juventud o porque lo desarrollan por primera vez en la vejez.

En ambos casos vimos que las pacientes cumplían con los síntomas desde la niñez y que, con el paso del tiempo y ante las circunstancias, habían ido modificando su conducta, personalidad y salud, pues las situaciones estresantes hacían que los cambios fueran más abruptos y notorios, generando mayor sufrimiento.

Lo cierto es que confundir los síntomas, ignorarlos o desconocerlos puede provocar que se minimice la situación clínica que se sufre o que se diagnostique erróneamente otro padecimiento que, si bien se parece, no corresponde con la sintomatología presentada.

CAPÍTULO 13

DORMIR MAL

Hacía más de dos años que Héctor había comenzado a dormir de manera diferente a como estaba acostumbrado. Al principio solo tenía dificultad para quedarse dormido, pero con el paso de los días sus horas de sueño se redujeron considerablemente. De nueve horas diarias (en promedio), comenzó a dormir simplemente cuatro y nunca de corrido, pues despertaba constantemente y permanecía despierto por lapsos de entre 30 y 90 minutos. Ello provocó que se le dificultara sentirse descansado y tener energía durante todo el día.

Héctor no solo no dormía bien, sino que dormitaba durante el día sin poder conciliar el sueño profundo, mostrándose somnoliento, irritable y, en ocasiones, hasta triste. No podía tomar la siesta y por las noches se despertaba alrededor de las 3:30 de la madrugada sin poder volver a dormir.

Las 3:30 am no era una hora adecuada para levantarse, por lo que permanecía en cama dando vueltas y a la espera de que surgieran los primeros rayos de sol. Mientras eso ocurría se sentía intranquilo, molesto y frustrado pues, noche a noche, lo único que deseaba era poder dormir sin despertar antes de lo previsto, algo que no lograba consumar.

Inicialmente pensó que su problema de insomnio se debía a que al momento de acostarse repasaba la lista de preocupaciones y cosas por resolver que generaba durante el día; sin embargo, ninguna de ellas era suficientemente intranquilizante como para quitarle el sueño.
A sus 68 años vivía solo y, aunque no tenía una gran pensión, podía mantenerse e incluso darse uno que otro lujo. Mantenía una buena

relación con sus hijos y nietos. Su esposa y compañera de vida había fallecido casi 25 años antes y a partir de entonces había decidido no tener otra pareja.

No había situaciones graves por las cuales preocuparse y no padecía ninguna enfermedad de severidad por la cual estar al pendiente. Sus únicos antecedentes médicos eran la hipertensión arterial esencial que se trataba y controlaba adecuadamente con *captopril*, además de la diabetes mellitus tipo II a la que atacaba con *metformina* y manteniendo siempre un buen control de su alimentación y salud.

Constantemente acudía a revisión médica a fin de mantener estables ambas patologías y se centraba en medir su presión y niveles de glucosa en sangre hasta que, en una ocasión, refirió a su médico su dificultad para dormir, por lo que le prescribieron *clonazepam* en gotas y luego pastillas, llegando a consumir una al día como máximo.

A pesar del medicamento su sueño seguía sin ser reparador. Durante el día se sentía muy cansado y con la necesidad de dormir y, aunque la medicina le ayudaba, notó que sentía mareos e inestabilidad para caminar adecuadamente por las mañanas y que se le dificultaba poner atención en las pláticas familiares en las que participaba, así como recordar o retener información, pero esos olvidos no lo habían incapacitado en la realización de sus actividades diarias ni le habían causado problemas graves o que lo pusieran en riesgo.

Tras dos años con el trastorno, Héctor fue tratado por un geriatra especialista en los problemas del sueño, quien -además de realizar el ajuste de dosis y hacer un buen diagnóstico diferencial- le sugirió tomar medidas de higiene del sueño para no depender del medicamento. Asimismo le sugirió realizar ejercicio para mejorar su calidad de vida.

Las medidas de higiene del sueño que el médico le recomendó son una serie de hábitos establecidos que ayudan a mejorar la calidad del descanso. Dentro de ellas se enlistan: no pasar mucho tiempo en cama, mantener un horario constante de sueño y vigilia, salir de la cama cuando no se esté preparado para dormir, limitar las siestas a un máximo de 30 minutos, ejercitarse regularmente, pasar tiempo fuera de casa y sin gafas (especialmente en la tarde), aumentar la exposición general a la luz, evitar la cafeína, el tabaco y el alcohol y restringir la cantidad de líquidos que se ingieren por la noche.

(Roepke, 2010)

Casi al mes de iniciar el tratamiento y seguir al pie de la letra las instrucciones del médico, Héctor presentó mejorías substanciales y a los tres meses su calidad de vida era otra.

::::::::::

Al igual que Héctor, gran cantidad de personas mayores de 60 años tienen problemas de sueño. Se ha estimado que entre el 40 y 50% los presenta y que, si bien la situación llega a ser intranquilizante y molesta, no a todos les impide realizar sus actividades de manera normal.

Con el paso de los años y con la presencia de enfermedades concomitantes se producen diversos cambios a nivel metabólico, cardiaco, respiratorio, endócrino y neural que pueden generar mayor riesgo a sufrir trastornos del sueño, alterando su calidad y cantidad. Además, la polifarmacia o el uso inadecuado de medicamentos, el consumo de alcohol o de sustancias psicoactivas puede desembocar esta situación.

Los trastornos del sueño son problemas relacionados a dormir. Aunque las quejas son comunes a cualquier edad, las personas de la tercera edad tienen mayor probabilidad de padecer trastornos primarios del sueño, incluyendo los respiratorios, el síndrome de piernas inquietas, de comportamiento, de movimiento ocular rápido, insomnio o alteraciones del ritmo circadiano. (Roepke, 2010)

A menudo, los adultos mayores experimentan síntomas de insomnio durante varios años antes de recibir un diagnóstico formal a pesar de que es una de las quejas de sueño de mayor prevalencia.

El insomnio se caracteriza por la dificultad para iniciar el proceso de dormir, mantener la continuidad del mismo o despertar temprano, con lo que se acorta el tiempo y la calidad del sueño. A la larga este problema llega a manifestar cambios en la cognición y el comportamiento. (Ancoli-Israel, 2000)

Entre los adultos mayores es más común el insomnio de mantenimiento o el temprano. Dicho problema, dependiendo de su curso, puede clasificarse como transitorio, de corto plazo o crónico.

Las molestias que ocasionen tendrán relación con su duración.
Dentro de las causas del insomnio crónico en el adulto mayor se encuentran: trastornos primarios de sueño (como el síndrome de apnea o el de piernas inquietas, trastornos del comportamiento del sueño REM o del ritmo cardiaco), la enfermedad médica crónica o aguda (que abarca alergias, dolor, problemas cardiovasculares, enfermedad pulmonar o metabólica, problemas gastrointestinales, trastornos urinarios, psiquiátricos o neurológicos, prurito o menopausia), estresores físicos y psicológicos que alteran el comportamiento, causas ambientales y algunos medicamentos psicoestimulantes, antidepresivos, antihipertensivos, antiparkinsónicos, broncodilatadores, esteroides, antihistamínicos y anticolinérgicos. (Suzuki, 2017)

Al valorar la calidad del dormir de la persona es importante conocer el tiempo de sueño normal de acuerdo a su edad y determinar si el problema es primario o secundario a cualquier otra situación. Además, debemos identificar si la queja es objetiva o subjetiva, pues muchos pacientes prefieren dormir durante periodos prolongados mayores a lo normal y su queja es por dormir entre 6 y 8 horas.

Comúnmente las personas que sufren situaciones estresantes de importancia -como el divorcio o la pérdida de un ser querido- pueden experimentar depresión que desemboca en insomnio crónico. Aunado a ello, la presencia de enfermedades crónicas de base, pueden generar alteraciones en el metabolismo que resulten en la dificultad para dormir adecuadamente. Incluso algunos medicamentos tienen efecto activador que propicia la dificultad para conciliar el sueño.

Insomnio y psiquiatría.

El insomnio ocurre a menudo en asociación con otros trastornos clínicos y es tres veces más frecuente en los pacientes psiquiátricos. El 50% de quienes consultan al médico general debido a esto en realidad presentan trastornos psiquiátricos.

La prevalencia del insomnio tiende a ser mayor en los ancianos que padecen múltiples enfermedades físicas o psiquiátricas (60% o más) y se presenta con mayor frecuencia en mujeres que entre hombres. Se cree que esto es consecuencia de las comorbilidades de salud física y mental del envejecimiento más que a una consecuencia del mismo.

(Rodríguez, 2015)

No poder dormir no solo genera frustración y preocupación, también produce gran cantidad de síntomas como dificultad para concentrarse, intranquilidad, nerviosismo, alteraciones en el estado de ánimo o fatiga, entre otros.

Las consecuencias negativas en etapas tardías de la vida incluyen la disminución de la calidad de vida, riesgo de caídas, dificultades psicológicas y físicas, el impacto en la economía y en la parte social debido al riesgo de aislamiento, por ejemplo, y mortalidad. (Rodríguez, 2015)

Sueño, tristeza y depresión.

La comorbilidad entre los problemas de sueño y la depresión es alta. Dichos trastornos se asocian tan frecuentemente que, en ausencia de quejas, el diagnóstico depresivo debe tomarse con precaución. El insomnio en particular puede ocurrir en un 60 u 80% de los pacientes deprimidos.

La depresión se considera un factor de riesgo para presentar dificultades del sueño; se ha relacionado con la baja eficiencia y la calidad del mismo, a despertar frecuentemente, a una mayor latencia de inicio del sueño y a somnolencia diurna (Leblanc, 2015). Lo mismo sucede con la ansiedad.

Además, algunos medicamentos recetados comúnmente para tratar la depresión pueden empeorar el insomnio y afectar la recuperación total de la enfermedad. (Luca, 2013)

Sueño y ansiedad.

Durante el transcurso de un trastorno de ansiedad, el sueño es una de las condiciones que se alteran a menudo. Entre el 25 y el 40% de los insomnes presentan dicho trastorno de manera significativa.

Sin duda alguna la incapacidad para conciliar el sueño es una condición frecuente ante la presencia de preocupaciones. Como bien sabemos, la angustia excesiva ante las situaciones diarias -ya sea de índole familiar, social, laboral o en cualquiera de los ámbitos en los que nos desenvolvamos- pueden ser tan fuertes que nos generen pensamientos recurrentes y anticipación aprensiva que, al momento de estar acostados, nos impidan mantener la mente en blanco y, en consecuencia, nos dificulten la posibilidad de dormir.

La intranquilidad que se siente ante la preocupación coloca al sujeto en una situación de alerta que disminuye su probabilidad de iniciar el sueño.

El insomnio y el uso de sustancias o medicamentos.

El insomnio se asocia a un mayor consumo de alcohol, drogas (cafeína, nicotina o estimulante), medicamentos de prescripción médica como en el caso clínico de Gisela que se describe más adelante (capítulo 15: Un desconocido en su propia casa). También se sabe que ciertos fármacos afectan la calidad del sueño. Es común que los adultos mayores se encuentren bajo regímenes de polifarmacia.

Los medicamentos que se sabe que tienen efectos negativos sobre el sueño incluyen β-bloqueadores, broncodilatadores, corticosteroides, descongestionantes, diuréticos, antidepresivos estimulantes, cardiovasculares, neurológicos, psiquiátricos y gastrointestinales, además de sustancias como el café, el té y las tizanas. Por tal motivo es necesario identificar si el paciente toma algún medicamento o sustancia que le impida dormir adecuadamente.

El sueño y la menopausia.

Para muchas mujeres la dificultad para dormir puede presentarse con los cambios hormonales sufridos durante la menopausia. De hecho, se trata de un síntoma que sufren entre el 25 y el 50% de las féminas.

Se sugiere que la interrupción de la arquitectura del sueño en las mujeres en etapa de menopausia se asocia con síntomas vasomotores como los bochornos. Además, el estrógeno está relacionado de manera compleja con la melatonina y con los cambios que genera dicha etapa. (Roepke, 2010)

El sueño y el trastorno neurocognitivo mayor (TNCM)

Durante la evolución del TNCM es común que uno de los retos a los que nos enfrentamos los médicos sea a los cambios en el periodo de sueño. Si dormir es esencial para cualquier ser humano, lo es más para las personas que sufren algún tipo de TNCM ya que, cuando el ciclo se ve alterado, es común encontrar exacerbación en otro tipo de síntomas como agitación, intranquilidad, agresividad, confusión, mareos, etcétera.

La mayoría de las veces el insomnio es secundario a otro tipo de procesos: infecciones (principalmente en vías urinarias), alteración en los niveles de glucosa en sangre, constipación e incluso dolor.

Regularmente el ciclo circadiano en el paciente con TNCM puede ser difícil de detectar si no se encuentra una causa subyacente. En algunos pacientes el proceso degenerativo incluso puede resultar en cambios a nivel de conducción eléctrica cerebral y, como consecuencia, propiciar las alteraciones en el sueño.

Se ha comentado que las alteraciones del sueño pueden estar vinculadas a la gravedad del TNCM. Esta asociación puede ser parcialmente explicada por pruebas que sugieren que los pacientes con trastorno neurocognitivo progresivo -como el Alzheimer o el Parkinson- a menudo experimentan neurodegeneración en áreas del tronco cerebral responsable de la regulación de la respiración y otras funciones autonómicas relevantes para el mantenimiento del sueño.

De manera constante acuden familias al consultorio del psiquiatra o neurólogo para la valoración de la calidad del sueño de los adultos mayores, algunos de los cuales no presentan sintomatología muy evidente.

En una ocasión un amigo geriatra identificó la dificultad para dormir en uno de sus nuevos pacientes y al interrogarlo decidió que era mejor que fuera valorado por el servicio de psiquiatría.

Se trataba del señor León, quien no solo presentaba algunos síntomas de insomnio, sino de depresión, olvido, inatención, errores por descuido, pérdida de objetos, entre otros. Era evidente que tenía un trastorno neurocognitivo mayor, padecimiento con el que llevaba aproximadamente tres años viviendo.

El hombre era delgado, alto, de tez morena y se veía bien aseado. Vestía de acuerdo a su edad, aunque desde que le diagnosticaron demencia vascular su esposa se encargaba de seleccionar su vestimenta.

Debido al envejecimiento cerebral y a la degeneración que cursaba había cambiado su comportamiento, su pensamiento, su interpretación del mundo e incluso algunas funciones como el control de esfínteres. Había logrado adaptarse a todo lo anterior, pero sus últimos cambios, es decir, los del ciclo del sueño, estaban acabando con la tranquilidad en la familia.

Al principio se despertaba por las noches e iba al baño varias veces. A pesar del ruido que generaba al levantarse no hubo problema alguno con su esposa, pues podían manejar perfectamente la situación. Sin embargo, con el paso de los meses, esta se tornó un tanto alarmante.

León se despertaba y ya no solo caminaba de un lado a otro, sino que empezó a salir al jardín con el pretexto de arreglarlo y limpiarlo. Su esposa tomó precauciones cerrando todas las puertas que daban directamente a la calle para evitar que saliera de casa, pero cada noche salía a trabajar en el jardín; pala y bieldo en mano comenzaba a limpiar.

Para su esposa era algo bueno que estuviera despierto y trabajando durante la noche a pesar del ruido, pues gracias a ello se dormía durante el día, por lo que no debía gastar mucha energía para cuidarlo.

León golpeaba con fuerza el piso del jardín, levantaba y removía el pasto, quitaba la hierba mala y, según él, sembraba semillas, mas lo cierto era que el sitio estaba totalmente desecho. Dicha situación era preferible a tener que lidiar con él durante el día. Así pasaron varios meses en los que se mantuvo en vela.

Con el paso del tiempo el problema se hizo más notorio y, secundario a ello, en ocasiones se mostraba intranquilo y por momentos agresivo. Aunque esto se hacía cada vez más evidente su esposa ya se había acostumbrado, por lo que minimizaba la situación, pero una noche, en vez de que León acudiera al jardín, se quedó parado junto a la cama mientras sostenía un bieldo y un machete y la miraba fijamente.

Según ella León tenía la mirada completamente abierta y sostenida hacia ella. Asustada y con el corazón palpitándole aceleradamente, se dirigió hacia él con voz suave mientras buscaba el interruptor para encender la luz. Una vez que logró prenderla se dirigió a otro cuarto, pues en ese momento creyó que podría lastimarla. Fue entonces cuando, al sentirse amenazada, se percató de que no era bueno mantenerlo despierto, pues en algún momento podría confundirse y lastimar a alguien.

::::::::::

En múltiples ocasiones me ha tocado observar el hecho de que el anciano con TNCM es llevado a consulta médica solo cuando ya no deja dormir a los familiares. Pueden pasar semanas e incluso meses con el padecimiento antes de que sea valorado.

Así como con León, una paciente fue llevada al consultorio debido a que a las tres de la mañana se ponía a lavar los utensilios de concina ensuciados durante el día. Además de ello echaba a andar la lavadora.

Otro paciente salía de la casa a las cuatro de la mañana. Le decía a sus familiares que iba a regar sus sembradíos cuando no vivía en el campo y no había alguno cerca. Uno más se levantaba a despertar a sus hijos -de 50 y 55 años- para llevarlos a la escuela.

Darle el valor adecuado a las quejas de sueño del anciano con y sin deterioro cognitivo nos ayudará a identificar el problema con mayor presteza y, por consiguiente, nos dará la oportunidad de tratarlo de manera adecuada, independientemente de que sea un trastorno primario o secundario.

Cuando una persona acude a consulta refiriendo no poder dormir, la entrevista clínica debe centrarse en los probables factores predisponentes, precipitantes y que perpetúan la condición.

La evaluación del sueño puede realizarse mediante una entrevista estructurada de la calidad o escalas como las de *Epworth* y *Stanford* que nos ayudarán a identificar cada situación. Además, el uso de un diario de sueño se recomienda en el diagnóstico del insomnio en la vejez.

Actualmente existen medicamentos que pueden usarse para tratar el insomnio como, por ejemplo: sedantes-hipnóticos, antihistamínicos, antidepresivos, antipsicóticos y anticonvulsivos. Sin embargo, se ha visto que uno de los tratamientos más eficaces es la terapia cognitivo-conductual.

Dentro de las intervenciones psicológicas que ayudan a mejorar el sueño del paciente insomne existen técnicas que incluyen educación al dormir, terapia cognitiva, higiene del sueño, estrategias de relajación, control de estímulos, restricción del dormir, entre otras. (Rodríguez, 2015)

Para algunos pacientes, la combinación del tratamiento farmacológico y conductual puede ser un régimen más eficaz para atacar el insomnio, pues los medicamentos pueden proporcionar un alivio agudo, mientras que quienes lo padecen aprenden técnicas útiles y de gran eficacia a largo plazo.

Aunque muchos pacientes se quejen de padecer insomnio, no a todos se les debe dar tratamiento farmacológico, pues es común que muchos de ellos manifiesten el deseo de querer dormir más tiempo del que deben, es por ello que es preciso saber el tiempo estimado de sueño de cada persona, así como identificar los factores que pueden alterarlo.

Minimizar los problemas de sueño puede dar lugar al aumento de molestias físicas, psicológicas y cognitivas de los individuos, mermando su calidad de vida. En los pacientes sanos puede limitar el desempeño adecuado de las actividades cotidianas, mientras que en el que padece un trastorno psiquiátrico o neuropsiquiátrico puede exacerbar los síntomas y agravar el pronóstico.

CAPÍTULO 14

UN DESCONOCIDO EN SU PROPIA CASA

Haber trabajado en un centro de atención a consumidores de sustancias y salud mental me dio la oportunidad de observar a personas con todo tipo de problemas psicológicos y psiquiátricos: desde con padecimientos leves hasta con los más severos que como consecuencia requerían de atención hospitalaria inmediata. Entre ellos se encontraban pacientes de todas las edades, incluso niños.

La mayoría de las personas eran jóvenes que habían consumido sustancias ya fuera de forma experimental o abusando de ellas al grado de volverse dependientes.

La dependencia a una sustancia se define como el estado psíquico -y en ocasiones físico- resultado de la interacción entre un organismo vivo y una droga que se caracteriza por modificaciones del comportamiento y otras reacciones. En dicho estado siempre aparece una pulsión por ingerir la sustancia continua o periódicamente con el objetivo de volver a experimentar sus efectos o para evitar el malestar que provoca la abstinencia. (Infodrogas.org, 2018)

Además de observar la interacción que tiene el uso de sustancias en cualquier momento de la vida, pude ver las condiciones económicas, familiares, sociales y de salud que rodean al adulto mayor y que alteran de alguna forma el modo en el que se desenvuelven.

Recuerdo que recién ingresé a trabajar en aquella dependencia, después de haber expuesto algunas ponencias sobre adicciones ante psicólogos del sistema de salud del estado, uno de ellos se acercó a preguntar si era pertinente enviarme a un paciente. Me mandó a

Rodolfo, un hombre de 82 años al que había valorado en dos sesiones.

Al llegar pude observar a aquel hombre sentado en una silla de ruedas que era empujado por una persona de aproximadamente 45 años. Lo llevaba a consulta con engaños y, según el anciano, en contra de su voluntad.

Rodolfo fue fotógrafo durante más de cinco décadas. Estudió la secundaria y comenzó a trabajar desempeñando varios oficios. Durante su juventud se casó y procreó a un hijo. Debido al consumo frecuente de alcohol su esposa y su familia entera lo abandonaron.

Vivió en la cárcel durante dos años debido a que durante una de sus borracheras robó un auto. Él aseguraba que se había tratado de una broma hacia uno de sus colegas, pero que no contó con que se había equivocado de vehículo, por lo que fue perseguido y arrestado.

Hacia sus 35 o 40 años comenzó a consumir alcohol cada semana. Le gustaba la cerveza, el pulque o destilados como el ron, el tequila, el mezcal y el brandy que consumía la mayoría de las veces.

Aparentemente, a sus 60 años comenzó a consumir alcohol diariamente. Algunas veces lo compraba con las ganancias de su trabajo y otras pedía dinero en la calle para adquirirlo o sus amigos le compartían. A pesar de que no se embriagaba cada día, si llegaba a consumir, se echaba al menos ´las tres de ley´.

Para entonces -y desde cinco años antes- Rodolfo tenía dificultad para desplazarse a trabajar debido a dolor neuropático, pues llevaba desde los 70 años viviendo con diabetes, lo que lo llevó a abandonar su trabajo y a renunciar a salir de casa. Vivía solo y los vecinos le regalaban comida o unos pesos. Cuando llegaba a salir era para visitar a un amigo que le regalaba tragos de alcohol corriente.

Dado a que vivía solo, nadie se ocupaba ni de su salud ni de limitarle el consumo de alcohol. No tenía contacto con su ex esposa, pero sí con su hijo de manera ocasional, porque prefería estar solo a que estuvieran criticando su estilo de vida.

Al ver el problema de alcoholismo que padecía Rodolfo, su hijo lo llevó a una residencia de rehabilitación sin previo aviso; simplemente llegó por él, lo subió a su auto y lo internó durante tres meses sin previa revisión médica.

Para entonces ya se le dificultaba dejar de consumir alcohol, ya no era selectivo con las bebidas que ingería y, al parecer, necesitaba mayor cantidad para poder embriagarse. Según él por momentos quería dejar el vicio, pero durante la resaca sentía la necesidad de volver a beber, pues hacerlo le quitaba los desagradables síntomas.

Comentó que en varias ocasiones había intentado dejarlo sin éxito debido a los síntomas de la abstinencia y que, con el paso del tiempo, notó que era mejor continuar consumiendo que dejarlo. Estaba determinado a no suspender el consumo, por lo que a pesar de las consultas, no tenía la mínima intención de abstenerse. «Prefiero morirme a dejar de beber», aseguraba.

Rodolfo tenía como problemas comórbidos: diabetes mellitus tipo II, hiper trigliceridemia e hipertensión arterial secundaria a cirrosis hepática, pero ello no era impedimento para que continuara con el alcoholismo que años atrás le había generado problemas vasculares en ambas extremidades inferiores, limitando su movilidad y ocasionando que llegara a consulta en silla de ruedas, además de ser la causa de que no deseara acudir a revisión médica, por lo que fue llevado a través de engaños, lo que ocasionó su descontento, pues «su hijo no era dueño de su vida», argumentó.

Desafortunadamente, tras la consulta al hijo le fue sumamente difícil apoyarlo en la rehabilitación, por lo que fue llevado a un centro en el cual aparentemente fue atendido, pero no se le dio seguimiento médico debido a que la familia decidió que la mejor solución sería ingresarlo a un anexo de Alcohólicos Anónimos (AA).

::::::::::

Actualmente es común tratar con ancianos que consumen todo tipo de sustancias. Esta situación cobra relevancia en la generación denominada *Baby Boom*, es decir, en la población nacida antes de la postguerra, pues fue una época en la que -tras una catástrofe mundial- nacieron gran cantidad de personas.

En las décadas de los 60 y 70 -mientras los *Baby Boomers* eran jóvenes o adolescentes- existió gran apertura ante el consumo de sustancias psicoactivas ya fuera con fines sociales, recreativos o para

´expandir la mente´; sin embargo, el descontrol de la situación trajo grandes consecuencias a nivel social ya que se cometían muchas imprudencias que ponían en peligro la vida tanto del consumidor como de sus familiares, igual a como ocurre en el presente.

En la actualidad es común que los mayores de 60 años no solo consuman sustancias como alcohol y tabaco, también llegan a consumir medicamentos controlados e incluso sustancias como marihuana, cocaína, crack, anfetaminas, inhalantes y otros, trayendo consigo grandes consecuencias físicas y psicológicas.

Desafortunadamente, debido al consumo habitual de alcohol y sustancias psicoactivas, muchas personas cambian su comportamiento, forma de pensar y de vivir, afectando de manera grave la convivencia familiar y social y, aunque al principio muchos son apoyados para enfrentar dichos problemas, al crecer el conflicto las personas son abandonadas a su suerte, por lo que sus adicciones evolucionan al grado de llevarlos a vivir aislados, en anexos o, peor aún, en la indigencia.

En muchas ocasiones la familia juega un papel muy importante, prefiriendo que el consumo se lleve a cabo dentro de su núcleo para así evitar salidas o mayores riesgos; sin embargo, esto hace que caigan en un círculo vicioso en el que el consumidor no deja de ingerir, mientras la familia fomenta el problema argumentando que es mejor así.

Al igual que Rodolfo, muchas personas prefieren continuar consumiendo a pesar de las consecuencias, pues les parece mejor eso a sentirse mal debido a la abstinencia o al consumo de sustancias médicas que les provoquen otros síntomas.

Los problemas médicos que conlleva el consumo de sustancias son conocidos y van desde específicos a órganos blancos como el hígado, hasta deficiencias nutricionales y vitamínicas que pueden dar lugar a la presencia de síntomas neuropsiquiátricos como el deterioro cognitivo que, aún hoy, continúan presentándose.

A pesar de que en pocas ocasiones he tenido la oportunidad de observar ese tipo de deficiencias, en algunas existe gran mejora a nivel cognitivo secundario ante la restitución de vitaminas. A propósito, en una ocasión recibí a un paciente que llevaba más de 30 años viviendo solo en Estados Unidos: Oscar, soltero, sin hijos y había laborado como ayudante en un restaurante hasta que, a sus 62 años, regresó a México.

Una de sus sobrinas acostumbraba visitarlo cada uno o dos años, por lo que en la última visita pudo constatar que Oscar mostraba comportamientos bastante extraños que provocaban desorganización en sus actividades. Además mostraba dificultad para expresar sus ideas, se movía lento y hablaba despacio y muy poco. Parecía que no podía leer ni escribir y hablaba el inglés y el español con dificultad. Se veía distraído, apático y sin energía. Incluso lo habían corrido del trabajo por sus constantes errores y ausencias.

Debido a que no contaba con seguridad social, y a que no tenía quien pudiera cuidarlo, decidieron cambiar su residencia de vuelta en la CDMX, de donde era originario.

Al momento de la consulta, ni él ni sus familiares pudieron asegurar el consumo de sustancias, pero su sobrina comentó que llevaba varios años ingiriendo alcohol de manera frecuente y al grado de llegar a la embriaguez, lo que fue confirmado por varios de sus vecinos, quienes declararon que bebía tras llegar a casa ya fuera solo o, algunas veces, acompañado.

Por ello, el médico general decidió remitirlo a psiquiatría, pues su comportamiento era desorganizado y su pensamiento incoherente e incongruente; tenía olvidos y dificultad para seguir el hilo de la conversación, además de ideas delirantes de daño y que, en muchas ocasiones, provocaban que faltara al trabajo porque creía que la policía lo buscaba.

Los resultados del examen *minimental* de Folstein mostraron cambios a nivel de orientación y memoria, funciones visuoespaciales y cálculo. En la revisión clínica no se observó dato sugestivo de problema renal o hepático, signos vitales o de presión arterial. Únicamente llamó la atención el deterioro cognitivo.

Además, se le realizaron estudios de laboratorio para revisar su estado metabólico, así como una tomografía computarizada de cráneo para buscar eventos cerebrovasculares o cambios patológicos en el volumen cerebral; sin embargo, no mostraron ninguna anomalía más allá de deficiencia de vitamina B, folatos y anemia megaloblástica, por lo que se le prescribió un complejo vitamínico y una siguiente revisión médica tras tres semanas.

Al llegar a consulta luego de las tres semanas, fue muy grato ver que el señor Oscar había mejorado de manera radical con las vitaminas y con los medicamentos para disminuir la abstinencia.

Se le dio seguimiento y tras otros tres meses Oscar estaba totalmente sano. La familia agradeció la mejoría de su tío, quien al parecer había vuelto a realizar las actividades que había abandonado.

Durante la valoración del anciano y de las personas que consumen alcohol es importante evaluar el estado nutricional y las deficiencias vitamínicas ya que ello, la polifarmacia o los problemas a nivel digestivo pueden generar mala absorción de los nutrimentos y semejar otros padecimientos como la pseudodemencia.

En el caso de Oscar dicha condición fue tan evidente como su mejoría, pues los cambios fueron radicales.

::::::::::

Muchos motivos pueden ser considerados válidos para aquel que empieza a consumir alcohol o sustancias psicoactivas. Si bien es cierto que muchos factores influyen para que surja el problema, la realidad es que el alcoholismo también radica en las situaciones que predisponen, precipitan y perpetúan el consumo.

Ya sea por no tener nada que hacer, por la dinámica familiar o por el dolor emocional que se padezca, muchas personas encuentran un refugio en las sustancias ante sus limitaciones para socializar de manera adecuada con quienes las rodean, o bien para contener o evitar los problemas a los que se enfrentan.

Un ejemplo es lo sucedido al señor José Daniel, quien durante más de treinta años tuvo un trabajo estable que lo obligaba a viajar constantemente.

Durante ese tiempo José Daniel fue responsable, disciplinado y entregado a sus tareas diarias. Fue un buen proveedor para su familia, pero la mayoría de las veces estaba ausente y era esposo por el simple hecho de haber firmado el acta de matrimonio, pero no por la interacción que tenía con sus familiares.

Los días que podía estar en casa se dedicaba a realizar una lista de lo que funcionaba adecuadamente y de lo que no. Hablaba poco con su esposa y con sus hijos; sus conversaciones se limitaban a preguntar acerca de la escuela o el trabajo. No conocía bien ni a su esposa ni a sus hijos y ellos tampoco lo conocían a él.

En una de nuestras consultas la esposa me comentó que desde el inicio de su unión ella se había arrepentido de haberse casado con él ya que, a pesar de que era trabajador y responsable, su compañía nunca había sido de su agrado. Se casó por presión social y no por gusto. Esta confesión fue repetida en varias ocasiones.

José Daniel se jubiló a sus 52 años y de un día a otro dejó de realizar su trabajo diario. Tenía una buena pensión, pero no tenía amigos, pasatiempos o actividades que le gustara realizar, por lo que comenzó a notar que era un desconocido en su propia casa. No tenía nada que hacer y no tenía una buena relación con su familia.

Un día uno de sus vecinos lo invitó a beber cerveza en una cantina próxima a su casa. En un inicio aceptó por convivir y porque prefería salir a quedarse en casa lidiando con su esposa.

A partir de entonces, y a lo largo de quince años, lo único a lo que se dedicó fue a tomar su bicicleta y dirigirse a la cantina. No le faltaba nada material, tenía cuanto necesitaba y aprovechaba sus salidas para, además de ingerir bebidas embriagantes, comer.

En un inicio ello no ocasionó problema alguno. Para su esposa era mejor tenerlo lejos, así evitaba molestias o que le dijeran qué hacer; sin embargo, en una ocasión Daniel llegó a casa con golpes y raspones, la ropa rasgada y la bicicleta descompuesta, lo que generó el primer conflicto entre la pareja, pues le reclamaron por haberse embriagado y puesto en peligro.

A partir de la primera caída, cada mañana las conversaciones consistían en reclamos acerca de su consumo de alcohol y de su insistencia en negar el problema, por lo que para evitar discusiones José Daniel prefería salir de casa. Llegó al punto de encerrarse en su habitación una vez que regresaba para continuar consumiendo, pues conservaba algunas botellas guardadas.

Durante muchos años eso no representó un problema grave hasta que la buena pensión comenzó a ser insuficiente para los gastos mensuales de la esposa ya que con ese dinero compraba lo que necesitaba e incluso lo que no, apoyaba a sus hijos cuando no tenían trabajo -sobre todo a uno de ellos que constantemente estaba desempleado- o cuando tenían la necesidad de realizar una inversión.

José Daniel empezó a gastar más en el mantenimiento de su consumo. Gastaba casi 30 mil pesos mensuales, dinero que su esposa consideraba necesario para ayudar a sus hijos, todos mayores.

Ante ello los hijos decidieron tomar las riendas del asunto y llevarlo a un anexo de Alcohólicos Anónimos (AA). A sus 71 años ingresó por primera vez y vivió ahí durante seis meses en los que se mantuvo con buena actitud y sin ganas de beber. En ese lugar fue tratado de buena manera y él se adaptó bien. Su familia decidió que se quedara ahí hasta sanar por completo.

Cuando sus hijos decidieron que era tiempo de que saliera, tomaron todas las precauciones de quitarle las botellas de alcohol que guardaba en casa. Toda la familia fue a recibirlo y él los recibió con mucho gusto y buena actitud, pero una vez que se quedó a solas con su esposa, esta lo instó a dejar las borracheras y a «ponerse a hacer algo de provecho». De pronto, como si hubieran encendido la mecha de una bomba interna en Daniel, explotó de coraje y respondió que prefería haberse quedado en el centro en lugar de regresar a su casa y recibir esos tratos; acto seguido tomó sus tarjetas, fue al cajero y luego al centro comercial a comprar botellas de licor.

La emoción que embargaba a la familia por verlo feliz y sin intención de ingerir alcohol se fue para abajo cuando el hijo mayor recibió una llamada de parte de su madre para notificarle que su papá había salido a comprar botellas; aunque omitió la causa de ello.

Al día siguiente sus hijos se presentaron en su casa para llevarlo al centro AA, pues les parecía más fácil mantenerlo en el anexo que hacerse cargo de él. Dicha situación se repitió durante dos años, convirtiéndose en un círculo vicioso de entradas y salidas de la institución, mas nunca confesó que para su esposa era mejor tenerlo lejos.

Pasó mucho tiempo antes de que los hijos notaran que el comportamiento de su padre no se debía exclusivamente al consumo de alcohol, sino al trato que recibía por parte de su esposa, lo que lo hacía preferir estar lejos de casa embriagándose en compañía de desconocidos, a estar cerca de una persona que no hacía más que agredirlo. El alcoholismo era el pretexto perfecto para mantenerse alejado.

La situación familiar de las personas que ingieren algún tipo de sustancia no es la mejor; algunos comienzan con el consumo como experimentación, pero a la larga se vuelve un problema de dependencia y tolerancia. En casos como el de José Daniel, el problema de primera instancia no fue la experimentación, sino la dificultad de mantener una adecuada relación familiar y social dentro de su núcleo, por lo que le parecía más sencillo evadir los problemas a través del alcoholismo a enfrentarlos.

Por otro lado, su esposa era consciente de que él continuaría con las conductas de consumo si ella mantenía la misma actitud, lo que le convenía debido a que así no debía lidiar con él.

Se cree que solo los hombres ahogan sus penas consumiendo sustancias, pero no solo a ellos les pasa; aunque es una realidad que consumen más que las mujeres.

Dentro de las adicciones también se incluye la ingesta de medicamentos no prescritos, desde analgésicos hasta antibióticos, ansiolíticos, entre otros.

::::::::::

Entre todos los pacientes a los que he tratado se encuentra la señora Gisela, quien a sus 50 años -mientras lidiaba con la menopausia- comenzó a tener problemas con su esposo. Las discusiones por errores del pasado, falta de dinero o falta de atención a sus necesidades afectivas fueron generando cada vez más conflictos en la relación.

Gisela no se sentía comprendida ante los síntomas de la menopausia y él estaba harto de sus exigencias; sin embargo, trataban de aparentar que las cosas no estaban tan mal.

Ella, además de lidiar con los problemas que tenía con su esposo, debía ayudar a su madre en los cuidados de su padre, pues padecía demencia. Se encargaba de apoyarlos con la compra de víveres en el supermercado, llevándolos a misa y a las consultas médicas. Ocasionalmente prefería quedarse a dormir con sus padres con el pretexto de que precisaban ayuda.

Una de tantas noches en las que Gisela no podía dormir, tomó uno de los medicamentos de su padre. «Solo un cuartito de *clonazepam*», se dijo. A la mañana siguiente se sintió descansada como hacía mucho que no se sentía, así que decidió consumirlo más a menudo, hasta que comenzó a hacerlo diario.

Conseguía el medicamento a base de mentiras, pues aprovechaba las consultas de su padre para decirle al médico que necesitaba mayor cantidad para poder dormir y el doctor, confiando en ella, se lo entregaba.

En ocasiones Gisela aumentaba la dosis para poder conciliar el sueño, por lo que con el paso del tiempo su cuerpo se acostumbró a utilizar el medicamento hasta que llegó a requerir de pastilla y media para conseguir su efectividad, pero sin sentirse del todo bien.

Cuando murió su padre comenzó a pedir el medicamento para su madre argumentando que tampoco podía dormir, pero al poco tiempo también falleció, por lo que se vio en la necesidad de acudir al médico para atenderse.

Para entonces llevaba más de diez años tomando el medicamento sin supervisión. Al realizar la historia clínica confesó que tomaba una pastilla cada doce horas y que acompañaba la dosis nocturna con dos copas de whisky para poder dormir bien.

Su esposo notó la situación, pero desconocía la indicación de los medicamentos. Gisela llevaba varios años abusando de las pastillas sin que nadie lo notara.

::::::::::

La situación antes descrita es tan común que no es mal vista para algunos médicos; sin embargo, el daño que genera el uso consuetudinario de medicamentos muchas veces no es conocido por los pacientes ni por los familiares ya que solo se enfocan en experimentar los efectos positivos sin preguntar sobre los posibles eventos colaterales que pueden generar.

Los medicamentos benzodicepínicos son muy buenos siempre que se toman bajo supervisión y durante un tiempo determinado. El consumo excesivo puede provocar dependencia.

El hecho de que Gisela comenzara a tomar las pastillas se debió a un intento por controlar sus problemas de ansiedad. Al principio mejoró su sueño y disminuyó el estrés, pero los síntomas de base no fueron erradicados; el problema continuó y el medicamento fue disminuyendo su eficacia al grado de que se requería doble dosis aunada al consumo de alcohol.

El abuso en el consumo de medicamentos es una situación que cada vez cobra más interés en el ámbito médico y epidemiológico ya que va en crecimiento, lo que ha obligado a los sistemas sanitarios a buscar regulación para evitar daños a la salud.

Así como se investiga acerca de la auto-medicación, se debe interrogar acerca del consumo de alcohol o sustancias psicoactivas para poder identificar si existe algún tipo de trastorno relacionado.

Durante la identificación de cuestiones atañidas con el consumo de sustancias psicoactivas se debe valorar el funcionamiento familiar y social del paciente, pues es común que todo el entorno se vea afectado. De esta manera será más fácil dar apoyo a la persona.

Desafortunadamente muchas familias son conscientes del daño que hacen a sus familiares al mantener conductas que perpetúan la conducta de consumo. Si bien es cierto que cada persona es responsable de su propia salud, también lo es que en muchas ocasiones la familia funge un rol muy importante para que el problema desaparezca o continúe.

Identificar la presencia, uso, abuso o dependencia hacia alguna sustancia ayudará a valorar la efectividad de los tratamientos prescritos para las patologías concomitantes o las barreras a las que se enfrentan la absorción y distribución de ellas a través del organismo del anciano.

Pensar que el adulto mayor no consume sustancias es un error que nos ciega ante los factores que empeoran la salud de los individuos, por eso es necesario interrogar tanto a los pacientes como a los familiares, a fin de identificar las situaciones que lo ponen en riesgo.

CAPÍTULO 15

ENTRE PARADIGMAS Y PREJUICIOS. AMOR Y SEXO EN LA VEJEZ

Hablar del amor y la sexualidad de los ancianos puede tornarse difícil ya que es común pensar que, debido a la etapa que atraviesan, no pueden continuar con expresiones sentimentales o mantener una vida sexual activa, pero a pesar de que la sexualidad sigue siendo un tema tabú en la sociedad, cada vez es más común que los investigadores científicos y clínicos se interesen en el tema y su desarrollo en las diferentes etapas de la vida, incluida la vejez.

Experimentar cambios en nuestro cuerpo no es fácil, mucho menos cuando afectan directamente a las zonas que muchos consideran como parte de la masculinidad o femineidad; es por eso que para muchas mujeres verse o sentirse viejas es fatal.

Llegar a la menopausia o padecer enfermedades como el cáncer de mama impacta en gran medida en los aspectos físicos y psicológicos de la mujer ya sea por los cambios hormonales que experimentan o por verse en la necesidad de ser mutiladas a fin de evitar la extensión de la enfermedad. En el caso de los hombres, la impotencia sexual o el cáncer de próstata son las situaciones que afectan la virilidad.

Los cambios sexuales físicos y psicológicos que presentan tanto mujeres como hombres afectarán de diferente manera a cada individuo de acuerdo con el conocimiento que tengan de su propio cuerpo y de factores como la influencia sociocultural, de su religión, personalidad y salud física, entre otros.

Dichos cambios son conocidos por la comunidad médica, incluso aquellos que son experimentados durante el envejecimiento. A nivel externo se presenta atrofia de los órganos sexuales, reducción del vello púbico, laxitud de tejidos, atrofia de los músculos perineales, etcétera. Internamente existe disminución de los niveles hormonales.

En cuanto a los cambios funcionales tenemos erecciones retrasadas o de mala calidad, dificultad para mantener una erección firme, disminución de la lubricación y de la intensidad de los orgasmos, entre otros. Además existen cambios psicológicos que, si bien no son generalizados, en algunos pacientes juegan un papel muy importante dentro del desempeño de la sexualidad.

En la mayoría de las mujeres los cambios más evidentes comienzan con la menopausia cuando, debido a la dificultad que tienen para lubricar, el coito puede tornarse doloroso y, por tanto, insatisfactorio. Esto hará que conforme pase el tiempo muchas de ellas prefieran evitar el contacto genital.

Por otro lado, la disfunción eréctil (sea de origen físico o psicológico) -así como los trastornos físicos como la enfermedad de Peyronie con la que el pene pierde la erección debido a la presencia de curvatura- pueden generar frustración, enojo, tristeza, ideas de minusvalía o dolor según sea el caso.

Hablar sobre sexualidad en la senectud es difícil ya que hemos relegado todas las prácticas que la rodean, principalmente para la gente joven. Ello repercute en que cuando un anciano habla de su intimidad o de coito, la familia lo estigmatiza como desvergonzado, sucio o libidinoso ya que, según un alto índice poblacional, los varones que buscan ejercer su vida sexual son ´rabo verdes´, mientras que en las mujeres se trata de una situación inconcebible, sobre todo si buscan pareja tras enviudar.

Actualmente existe mayor apertura al hablar de estos temas entre las familias y los profesionales de la salud. Cada vez hay más ancianos interesados en continuar con estas prácticas ya sea por amor, por necesidad de afecto o por necesidad fisiológica (como muchos afirman). Incluso en las escuelas de psicología, gerontología y geriatría se le está dando mayor importancia a la exploración del anciano y su necesidad de mantener intimidad.

Diversas compañías farmacéuticas han emitido campañas enfocadas en aumentar y mejorar el desempeño y la funcionalidad sexual tanto de hombres como de mujeres. Dichas publicaciones invitan al interesado a continuar con la práctica sexual mediante la consulta médica y el conocimiento de las posibilidades que tiene para seguir disfrutando. No obstante, muchos médicos siguen viendo este tema como tabú, por lo que no le dan importancia ni seguimiento a los medicamentos que prescriben a los pacientes.

Durante mis prácticas de consulta psiquiátrica me encontré con una mujer de 72 años que se sentía triste debido a que su pareja tenía dificultad para mantener el coito.

Dicha mujer se había casado en su juventud, pero nunca tuvo hijos; posteriormente enviudó y vivió sola hasta que, aproximadamente a sus 55 años, encontró a una persona con la que decidió continuar con su vida sexual. Habían resuelto no casarse ni vivir juntos, sino verse ocasionalmente y mantener relaciones sexuales; simplemente pretendían verse y disfrutarse.

Se reunieron durante varios años hasta que un día la mujer comenzó a notar cambios en el desempeño de su pareja, por lo que acudió al médico obteniendo como respuesta que «ya había vivido y disfrutado de muchas cosas, y que era tiempo de enfocarse en otras y olvidarse de su vida sexual...».

La dama comenzó a pensar que tal vez a su edad era patológico pensar en la práctica sexual, pues no conocía a ninguna mujer que la disfrutase. Fue entonces cuando acudió a consulta psiquiátrica argumentando que probablemente estaba loca por sentir ganas de mantener el coito y sentir ansiedad ante la idea de que a su edad ya no debía tener deseo sexual. Aunado a ello creía que posiblemente estaba forzando a su pareja a tener relaciones cuando él ya no podía ni quería.

Tras hablarme de la situación fue evidente que tanto ella como su pareja gustaban y necesitaban disfrutarse tal como lo habían hecho desde que se conocieron. Él no se sentía obligado a estar con ella, pero sí estaba apenado por no poderle cumplir como quería. Eso evidenciaba que en realidad no se trataba de alguna patología o una parafilia; ambos se disfrutaban, gustaban de su compañía y querían mantener su relación, lo único que necesitaban era orientación y ayuda para contar con un mejor rendimiento físico y sentirse a gusto.

Ambos tenían plena convicción de que la edad no era impedimento para mantenerse cerca y gozar de su intimidad y del amor que aún querían ofrecerse sin reparos. A diferencia de mucha gente de su edad, la pareja había mantenido la intimidad a la que aspiran varios jóvenes y se habían dado la oportunidad de gozar de la compañía que podían y querían ofrecerse.

No necesitaban tener un papel que avalara de manera social su unión. Se tenían el uno al otro y cada uno de ellos se preocupaba por el bienestar físico, mental y espiritual del otro a pesar de que cada uno viviera en su propia casa. Lo único que deseaban era seguir correteándose desnudos por toda la casa, tal como lo habían hecho a lo largo de 17 años, con gran deseo, con amor, con fantasía y lujuria, pero sobre todo con la gran entrega que se podían ofrecer el uno al otro, sin paradigmas y dejando de lado los prejuicios de la sociedad.

::::::::::

Aunque hay quien piensa que la edad es un impedimento para gozar de una vida sexual activa y plena, esto se queda únicamente en un prejuicio o creencia errónea.

Hay jóvenes que se reprimen y recriminan las conductas sexuales como si solo pensarlo fuera un delito, pero también existen ancianos que gozan de saberse libres, de sentirse a gusto con su cuerpo y con el de su pareja, de ver la belleza de su compañero en todos los cambios experimentados con el paso del tiempo: la flacidez, las arrugas, las estrías, las heridas sanadas. Disfrutan no solo de estar cerca el uno del otro, sino de las palabras que se dirigen, de las notas que emanan de las voces cuando se llaman, del recuerdo de la complicidad de las suaves caricias. En esta etapa de la vida aún hay sueños y fantasías, pero, sobre todo, existe una fina forma de amar.

En una ocasión me pidieron valorar a una mujer de 92 años que cursaba síntomas depresivos. Me comentó que -dos meses antes de comenzar con su padecimiento- seguía manteniendo relaciones con su pareja y que una de las cosas que más le disgustaban y la hacían sentirse triste era precisamente el hecho de que su libido hubiera disminuido.

Una de sus hijas mencionó que cuando iba a visitarla, si ella no abría la puerta de la casa era porque probablemente estaba manteniendo relaciones sexuales.

Tanto para la familia como para la mujer era evidente que el tema no era tabú; al contrario, era parte de su *modus vivendi*, libre de recatos absurdos.

A pesar de que es más común el aumento del deseo sexual en el hombre y que sea este quien alargue la posibilidad de mantener una sexualidad activa, no solo es él quien tiene derecho a continuar con dicha situación, pues actualmente sabemos y aceptamos con mayor facilidad que el deseo sexual continúa tanto en hombres como en mujeres, aunque se vea limitado por las condiciones físicas, psicológicas o sociales.

Sea la edad que sea, todos tenemos derecho a gozar de nuestra sexualidad e incluso de manifestarlo, es por ello que los prestadores de servicios de salud debemos contemplar la situación y tomarla con delicadeza para apoyar de la mejor manera a nuestros pacientes, independientemente de la edad que tengan.

Mujeres y hombres, jóvenes y viejos, adoptan cada vez con mayor facilidad la idea de que la sexualidad no está confinada a la juventud. Incluso muchas personas, tras llegar a la viudez o al divorcio, continúan buscando relaciones amorosas que les permitan satisfacer dicha necesidad física o emocional.

Cada día se busca una vida sexual más plena, además de relaciones afectivas más firmes que nos ayuden a continuar auto-valorándonos para alcanzar la felicidad a través de nuestra conexión con otros seres humanos, y qué mejor que el contacto íntimo. Esto mejora el estado físico y mental. Además se sabe que mantener relaciones sexuales con frecuencia mejora la salud.

La sexualidad se ve más entorpecida por los estereotipos que por la misma edad. Los orgasmos, aunque menores, se siguen teniendo y disfrutando. Hombres y mujeres por igual pueden satisfacerse física y psicológicamente independientemente de su edad, pues dejan de lado el adecuado desempeño y se enfocan en llevar su sexualidad a un plano más espiritual y a una conexión más profunda.

A pesar de que existe gran cantidad de mitos acerca de la sexualidad

en el anciano, estos se están dejando en el pasado ya que cada vez hay mayor cantidad de estudios que afirman las ventajas de mantener una vida sexual activa en las etapas más avanzadas de la vida.
Se sabe que tanto mujeres como hombres tienen las mismas necesidades y que cada vez hay más gente interesada en seguir disfrutando de su sexualidad.

A pesar de que en la actualidad los pensamientos, creencias y actitudes sociales que se tienen sobre la sexualidad del anciano influyen fuertemente en los conceptos propios para que sea limitada, conforme pasa el tiempo las generaciones van considerando las ventajas de mantener una vida sexual activa y plena sin importar la edad.

Aunque para muchos ancianos verse con el paso de los años influye en gran medida en su desempeño psicosexual, cada vez es más común ver que se pone mayor empeño en el cuidado físico y psicológico, lo que resulta en menor limitación del goce de sí mismo y de la pareja.

Si bien es cierto que la prevalencia de problemas sexuales como la disfunción eréctil va aumentando con la edad, en la actualidad existen herramientas diagnósticas y terapéuticas más precisas para identificarlos y limitarlos. Con ello aumenta la cantidad de personas mayores de 60 años sexualmente activas, lo que genera un comportamiento sexual diferente al que tenían las generaciones anteriores.

Además de los cambios biológicos propios del envejecimiento, las expectativas culturales negativas, los problemas médicos o quirúrgicos, los efectos de las drogas, las enfermedades mentales como la depresión, la psicosis o la demencia influyen de manera negativa para el buen desempeño psicosexual, por lo que es importante investigar todas las causas tanto físicas como psicológicas que puedan alterarlo en cada persona.

El comportamiento sexual puede cambiar significativamente en los trastornos psiquiátricos como la depresión, tal como se vio en el caso clínico de la mujer de 92 años en el que su libido disminuyó, generándole gran intranquilidad por la falta de apetito sexual y por la reducción de deseo y energía; sin embargo, después del tratamiento adecuado, mejoró y pudo volver a disfrutar.

Por otro lado, trastornos neurocognitivos como el Alzheimer o el Parkinson, así como padecimientos delirantes, psicóticos o de ansiedad, pueden agravar los problemas sexuales que no solo se ven limitados por el desempeño físico, sino por el psicológico.

El uso de alcohol o sustancias psicoactivas puede limitar la actividad sexual, alterando el ánimo o la energía con efectos perjudiciales a largo plazo.

Al escuchar a un anciano hablar de sus necesidades sexuales es necesario considerar su salud física y mental, observar sus posibilidades de mantener un adecuado desempeño e identificar sus limitaciones ya que de no hacerlo la ayuda que le podamos ofrecer podría no ser la adecuada ni para él ni para su pareja. Incluso hay ocasiones en las que las exigencias acerca de las necesidades sexuales pueden ser catalogadas como patológicas cuando rebasan las posibilidades de que se satisfagan de la mejor manera.

Los procesos patológicos en materia de salud sexual no se limitan al funcionamiento, también van encaminados al deseo -ya sea disminuido o aumentado- a la excitación y a la fantasía. Una vez identificada la situación debemos ser objetivos en cuanto al análisis del desempeño previo y a los motivos del cambio.

Hablar de sexualidad con el adulto mayor puede ser fácil o difícil de acuerdo con el profesionalismo, la delicadeza y la seriedad con las que se toque el tema y se escuche al paciente. Aunque no sea sencillo, lo que menos se debe hacer es estigmatizar al paciente debido a su edad, anteponiendo las creencias personales de quien escucha y atiende las molestias que se exponen.

CAPÍTULO 16

INSECTOS INVISIBLES EN LA PIEL

Debido a la gran cantidad de síntomas generados por los problemas de salud mental, es común que muchos pacientes acudan a un sinfín de médicos antes de asistir con un psiquiatra.

Algunos de los padecimientos son confundidos debido a las dolencias que generan, tales como: molestias físicas acusadas, dolor, ardor intestinal, sensación de plenitud, cansancio excesivo, sueño, desmayos, mareos, comezón, picor, escozor, punzadas en cualquier parte del cuerpo. Los síntomas físicos pueden ser tan variados como las sensaciones que puede experimentar el cuerpo y son situaciones que causan disgusto o pesadez.

La intranquilidad que causan este tipo de síntomas puede llevar a la persona a ocupar los servicios médicos con asiduidad. Esta situación se torna complicada para la familia debido a los gastos excesivos que conlleva la búsqueda de la salud, mermando la economía, la comunicación familiar e incluso la comunicación social o la relación médico-paciente.

Las quejas excesivas desembocan en revisiones exhaustivas y en ocasiones en la realización de exámenes de laboratorio innecesarios que, si bien la mayoría de las veces no muestran anomalías, otras veces deben ser realizadas para descartar una enfermedad real.

Después de un tiempo todo se limita a la atención médica y a la creencia por parte del paciente de que padece algo.

El hecho de que el paciente manifieste tener una dolencia o

enfermedad y que esta no sea comprobada de manera clínica, puede generar tensión psicológica y, por ende, discusiones constantes. Muchas veces los familiares buscan que el paciente note que la sintomatología es de origen psicológico e, inversamente, el paciente busca que los demás entiendan que «no está loco» y que validen los síntomas que manifiesta. Esto a la larga genera distanciamientos y hartazgo, una situación que me ha tocado observar a menudo, pero pocas veces con las características que mencionaré más adelante.

En una ocasión un médico ajeno a la psiquiatría atendió a una paciente que además de quejarse de dolor en las extremidades inferiores y la cadera, estaba preocupada por los parásitos que aseguraba tener en la ropa, lo que lo alarmó en demasía y lo hizo alejarse para no ser contaminado.

Mientras la mujer expresaba la causa de su angustia, el médico se dedicó a observar detenidamente su ropa sin encontrar parásito alguno, por lo que -tras realizar la evaluación correspondiente y enterarse de que la mujer ya había pasado por psiquiatría- decidió remitirla. Ella se resistió, pero su esposo solicitó que le recomendaran a un psiquiatra.

En la primera consulta mencionó que desde joven (aproximadamente a los 14 años) había acudido con varios médicos, algunos de ellos neurólogos y psiquiatras.

Los síntomas que experimentaba correspondían a trastornos depresivos o ansiosos, además de dolores abdominales atípicos a los que no se les había encontrado causa, dificultad para respirar, dolores de cabeza, desmayos, punzadas, entre otros. Por ello había recibido gran cantidad de tratamientos, pero ninguno había impedido que visitaran al médico al menos tres veces al mes en los últimos veinte años.

Años antes de la consulta psiquiátrica tuvo la necesidad de ser intervenida quirúrgicamente. Dentro de las operaciones a las que se había sometido se encontraban amigdalectomía, apendicectomía, colecistectomía, ooforectomía unilateral y lipectomía en el brazo izquierdo porque decía sentir una bolita que le generaba dolor y le daba miedo que se tratara de cáncer. Además se realizó cuadrantectomía de mama derecha sin muestras de tumoraciones cancerígenas.

Con el transcurso de los años la búsqueda de la patología que pudiera relacionarse a las molestias que la aquejaban la había llevado a realizarse gran cantidad de radiografías torácicas, abdominales y de cadera, resonancias magnéticas de tórax, abdomen y cerebro, así como electrocardiogramas, endoscopias del aparato digestivo y colonoscopías, entre otros.

Muchos médicos le habían mencionado que era necesario que acudiera a consulta con un psicólogo o psiquiatra, pero ella se negaba rotundamente, argumentando que «no estaba loca».

Había pasado por gran cantidad de consultorios médicos: generales, rehabilitadores, reumatólogos, neurólogos, gastroenterólogos, otorrinolaringólogos, ginecólogos y demás, pero para la gran mayoría había sido difícil tratar los síntomas en turno.

–Siempre es algo diferente. Incluso algunas veces las enfermedades vienen y se van solitas hasta que llega otra...– comentó el esposo.

La última vez acudió con un ortopedista manifestando que llevaba seis meses con dolor de cadera y mencionando los parásitos. Constantemente se quejaba con su marido por tener la ropa llena de diminutos animales blanquecinos que le causaban prurito y por los que se rascaba fuertemente, al grado de lesionarse la piel de brazos y piernas.

Al principio el esposo se alarmó, pues a pesar de que no veía los animales referidos, sí veía las lesiones que se ocasionaba su esposa debido al intenso rascado. Entonces decidió quitar todas las sábanas y tirar gran cantidad de ropa, fumigar la casa y cambiar los colchones. Durante los primeros días ella se sintió más tranquila, pero tras unas semanas comenzó a quejarse nuevamente y, a pesar de que sus lesiones sanaron, aseguraba seguir con los parásitos.

–Son insectos pequeños, blancos, con patitas. No son piojos ni liendres o corucos...– mencionó mientras se espulgaba la ropa para mostrármelos. –Mi marido no tiene, solo los tengo yo en la ropa...– aseguró mientras extendía la mano para que los observáramos, pero solo eran diminutos fragmentos de fibras textiles o pedazos de papel higiénico que llevaba en las bolsas.

Me pidió que me acercara y escuchara como tronaban, pero al momento de acercarme juntó sus dedos y comenzó a chasquear las uñas, asegurando que el tronido producido era el de los insectos al ser triturados.

Su esposo comentó que dicha situación se presentaba diariamente y que había momentos en el que discutían cuando se atrevía a confrontarla sobre la veracidad de lo que decía. Ella, angustiada porque no le creían, comenzó a guardar en una caja trozos de los insectos que encontraba en su ropa o en su piel.

Los síntomas eran evidentes: tenía ansiedad y depresión debido a que no le creían. No mostraba datos de demencia, trastorno obsesivo convulsivo ni psicosis, pero llevaba mucho tiempo lidiando con un trastorno somático y ahora tan solo mostraba un nuevo síntoma.

Fue necesario reajustar la dosis de los medicamentos que tomaba desde años atrás, mismos que le permitieron sentirse menos intranquila, pero a la siguiente consulta se presentó con la cajita en la que había recopilado los bichos.

Inspeccioné minuciosamente el contenido de la caja sin encontrar rastro de los insectos referidos; incluso la guardé para que un amigo patólogo la analizara. El resultado fue el mismo: eran pedazos de fibra textil y de piel, pero la mujer seguía sufriendo por los insectos invisibles.

Por coincidencia, ese mismo día valoré a otra paciente con síntomas muy parecidos. Este tipo de padecimientos son menos comunes, por lo que fue sorprendente atender a dos pacientes con características similares en la misma jornada.

La otra paciente (Dora) fue llevada a consulta porque sus hijos estaban cansados de escuchar que se quejaba una y otra vez de tener bichos en la ropa. Según ella, desde hacía casi un año había empezado a notar pequeños animales blanquecinos en su piel, lo que le generaba intranquilidad y la necesidad de rascarse generosamente para que desaparecieran, lesionándose fuertemente.

Sus hijos, preocupados, la llevaron con el médico familiar, quien le prescribió un medicamento para escabiasis, mismo que no funcionó.

Con el transcurso de los meses su intranquilidad por los bichos y el prurito dieron paso a la tristeza y la ansiedad ya que se sumaba el hecho de que nadie le creyera. Ante ello, sus hijos decidieron llevarla con un psicólogo, quien la envió a revisión para diagnosticar o descartar esquizofrenia a pesar de que no cumplía con los criterios de la enfermedad o de algún trastorno parecido como demencia que justificara los síntomas.

El trastorno depresivo con síntomas de ansiedad era el único padecimiento para el que cumplía con todos los criterios, además de la idea fija de tener bichos en la ropa y en la piel. Dicha situación había comenzado cinco meses después de enterarse de que uno de sus hijos había fallecido a manos de unos policías en Estados Unidos.

Curiosamente en la primera consulta Dora llevaba consigo un pedazo de papel higiénico en el que, según ella, había guardado los bichos, pero al igual que con la paciente anterior, no había nada. Colocó el papel sobre el escritorio, lo extendió y pareció que tomaba un pequeño animal entre sus dedos, al que aplastó con sus uñas para que escuchara su tronar.

::::::::::

Fue una situación muy peculiar. Dos pacientes con la misma característica en un mismo día. Parecía que se habían puesto de acuerdo para decirme lo que les sucedía, aunque en realidad era muy poco probable que eso sucediera, pues las recibí en dos lugares distintos y separados por varios kilómetros de distancia.

Ambas pacientes presentaban un padecimiento que ha sido denominado delirio de parasitosis o síndrome de Ekbom, un trastorno con el que los enfermos creen estar infestados de parásitos, lo que los lleva a rascarse fuertemente y lesionarse creyendo que en realidad son los parásitos los que les lastiman la piel.

Es más común que este tipo de situaciones sean valoradas por dermatólogos, médicos familiares, generales o de otra especialidad antes que por un psiquiatra debido a las lesiones que provocan. Sin embargo, la intranquilidad que generan es tan grande que produce ansiedad y síntomas depresivos significativos.

Aunque se ha visto que algunos medicamentos sirven para la

desaparición de los síntomas, el trabajo con el equipo de psicología es fundamental a fin de disminuir la ansiedad y aprender a manejar la situación.

CAPÍTULO 17

DE LA CASA AL ASILO

«Hogar dulce hogar», dijo Feliciano en una de las ocasiones en que llegué a verlo a su casa para revisar su estado de ansiedad. Había estado hospitalizado durante diez días debido a una intervención quirúrgica para extraerle la vesícula.

Los diez días que permaneció en el hospital habían sido difíciles debido a que no estaba acostumbrado a que la luz de su habitación estuviera encendida durante la noche, ni a los ruidos de las máquinas, a personas hablando o quejándose. Aunque comprendía la situación, no le era sencillo permanecer en un hospital público ni como acompañante ni como paciente.

Llevaba casi un año con problemas sutiles para recordar cosas. Desde que ello comenzó había acudido con varios médicos refiriéndoles que le costaba acordarse de nombres, pero le habían dicho que a sus 87 años esos olvidos eran normales; algunos incluso le sugirieron dejar de trabajar.

Por su parte, Feliciano no estaba tan seguro de que esos lapsos fueran algo normal. Los olvidos le habían ocasionado problemas en el trabajo debido a que no podía calcular bien las cuentas. Afortunadamente en aquella ocasión una de sus hijas detectó el error y lo corrigió, pensando que se trataba de algo pasajero y normal.

Feliciano trabajó algunos años como profesor y otros tantos como agente de seguros y contador privado ya que era un hombre calculador, meticuloso y ordenado, pero, sobre todo, muy trabajador. A pesar del error que pudo ser enmendado, comenzó a preocuparse por la frecuencia con la que experimentaba los olvidos.

Los médicos tomaron los olvidos como parte normal del envejecimiento, pero él no. Sabía muy bien hasta dónde llegaba su capacidad para recordar y, al notar que eso estaba sucediendo, frente a él parecía enmarañarse un panorama sumamente catastrófico.

Por más de quince años lidió con el Alzheimer de su esposa y, por ende, le había tocado ver el deterioro que implicaba. Aunque el proceso de su esposa fue lento y progresivo, él sabía que de un momento a otro podía encontrarse totalmente ajeno al mundo que lo rodeaba y no recordar a sus seres queridos, tal como le había pasado a ella. Dicha posibilidad le daba pavor.

Al salir del hospital pudo notar que tenía más problemas para recordar, pero no sabía si se debía a la anestesia, a la infección de vías urinarias que prolongó su estancia en la institución de salud, el haber permanecido acostado en la cama durante varios días (lo que nunca había hecho), por haber dormido mal o por el dolor de la herida quirúrgica. El resultado fue que con el paso de los días se le dificultó más recordar ávidamente, tal como estaba acostumbrado a hacerlo.

Al observar esto, y ante el temor de que su memoria se fuera mermando al grado de perder la razón, decidió dejar sus actividades como contador poco a poco y encomendar a sus clientes con otros colegas.

En una de las ocasiones en las que acompañó a su esposa a consulta comentó que era tiempo de dejarle la casa a sus hijos e irse a vivir a un asilo con ella, pues estaba convencido de que ese lugar era mejor para ambos.

Feliciano había cuidado y atendido a su esposa durante el largo proceso de su enfermedad y, aunque sus cinco hijos lo apoyaban, creía que si llegaba a tener un deterioro tan grande como el de ella, nadie lo cuidaría tan religiosamente, por lo que no le cabía la menor duda de que la mejor opción era irse a un asilo, así que comenzó a buscar un buen lugar.

A pesar de la insistencia de sus hijos de permanecer en su hogar, Feliciano no quiso dar molestias a sus familiares y, tras realizar todos los arreglos pertinentes sobre sus clientes y testamento, partió al asilo.

Una mañana alrededor de las nueve, Feliciano y su esposa llegaron al asilo que se convertiría en su hogar y donde vivirían el resto de sus vidas. Tal vez por sensatez o por miedo, la decisión que tomó fue respetada por sus hijos y tuvo la posibilidad de elegir el lugar que sería su casa, tomándose la libertad de decidir por su esposa.

Afortunadamente su problema de memoria actualmente no ha avanzado tanto y se encuentra feliz viviendo en el asilo, donde reciben el cuidado del personal y las visitas tanto de sus hijos como de sus demás familiares. Una de las ventajas de vivir ahí es que puede salir a pasear cuando quiera e incluso quedarse a dormir en su casa o en la de alguno de sus hijos.

Actualmente es cada vez más común que las personas elijan el lugar en el que desean pasar los últimos años de sus vidas independientemente de si llegan a presentar alguna enfermedad o no. Hay quienes se anticipan a buscar el lugar en el que puedan recibir atención específica en caso necesario, ya sea un asilo o centro de retiro. Hay personas a las que saber que existen estos lugares les genera tranquilidad.

Para algunos es extraño que los ancianos tomen este tipo de decisiones ya que no es tan común. Por otro lado, para la mayoría de los ancianos saber o creer que en algún momento pueden ser alejados de sus hogares y llevados a un lugar extraño y alejado de sus recuerdos y pertenencias se torna en algo totalmente catastrófico.

Desafortunadamente no todos tienen la posibilidad de decidir, tal como ocurrió con la esposa de Feliciano; aunque él tomó la decisión con todo el amor que le podía ofrecer, sabiendo que nadie más podría cuidarla como él, con tanto amor y delicadeza. Por ello no solo buscó el mejor lugar, sino decidió acompañarla para poder estar a su lado y encargarse de que le dieran los cuidados necesarios.

::::::::::

Existen muchos motivos para ingresar a los ancianos a casas de asistencia o asilos; ya sea porque tienen problemas neurológicos, psiquiátricos o médicos que provoquen dependencia o porque requieren cuidados especiales que los familiares no son capaces de

proveer. Mientras algunos son ingresados de manera voluntaria, otros no o incluso con intenciones ocultas por parte de la familia.
Cierto es que -después de algún tiempo- cuando el anciano cursa con TNCM, los síntomas cognitivos y conductuales que llega a presentar pueden ser muy evidentes y poco controlables, dificultando la convivencia con los familiares.

La dificultad para ser cuidados por sus familiares, la soledad, el aislamiento, la enfermedad mal controlada, la vigilancia más estrecha, la necesidad de cuidar la alimentación, la higiene, los cambios en el comportamiento, la agresividad, los problemas de sueño y los cambios en el apetito son algunos de los motivos por los que las familias tienden a internar a sus familiares en asilos o casas de reposo. Sin embargo, determinar cuándo es el momento apropiado en ocasiones es complicado; a veces la familia es quien elige o el médico quien lo sugiere.

La mayoría de los ancianos que habitan en asilos tienen cierto grado de fragilidad o dependencia, por lo que precisan de asistencia y vigilancia. Los síntomas de un anciano dependiente pueden sobrepasar la capacidad de los familiares para cuidarlo, y cuando eso sucede puede generar emociones encontradas o pensamientos ambivalentes acerca de si es o no necesario buscar ayuda. En ocasiones se llega a iniciar con cierto grado de violencia.

Comúnmente, algunos familiares prefieren cuidar a sus parientes antes de ´abandonarlos´ en algún asilo. Pensar en dejarlos en lugares así les hace creer que son malos hijos y que no les dan a sus padres el cariño y cuidado que en algún momento ellos les dieron. Sin embargo, en muchas ocasiones no se dan cuenta del desconocimiento y limitaciones que presentan en el cuidado de los ancianos, lo que provoca malos cuidados (sin intención) y sobrecarga de cuidador.

Constantemente acudo a casas a valorar a pacientes a los que debido a sus afecciones les es difícil salir o desplazarse al consultorio y, estando en su propio medio, es más fácil identificar la interacción entre ellos, sus familias y su entorno. Al observar esto, en múltiples ocasiones he sugerido la institucionalización de algunas personas que son receptoras de violencia o en las que el sufrimiento de los familiares dificulta el cuidado. Desafortunadamente no todos son capaces de ver el daño que pueden generar en la salud de sus propios allegados.

Cuando en la familia existe la disposición para cuidar al anciano enfermo, aunado al conocimiento de la enfermedad, es más fácil entender en qué momento pueden encargarse o dejar que alguien más les ayude, pues muchas veces generan mayor mal cuando no se dejan ser ayudados.

CAPÍTULO 18

LA OCTOGENARIA FELIZ

Por todos lados estamos inundados de información acerca del bien vivir. La vemos en anuncios vacacionales, en los que ofertan viviendas o residencias, en publicidad de salud e incluso de religión. Sin embargo, la definición del bien vivir es simple y llanamente una definición personal.

Vivir bien es relativo; para algunos dependerá de la cantidad de cosas materiales que posean, mientras que para otros de cuan unida se encuentre la familia o de las posibilidades de seguir trabajando o sintiéndose útil. Algunos más piensan que vivir bien es no tener que preocuparse por nada.

Durante el proceso de senectud vivir bien dependerá de muchos factores, uno de los cuales es la salud. Desafortunadamente el envejecimiento no siempre es saludable ni física ni mentalmente.

Para fines de este texto nos centramos en la importancia de identificar las situaciones que alteran la salud mental y la manera en la que se manifiestan. La salud mental ha sido definida de múltiples formas, y hoy la Organización Mundial de la Salud (OMS) la define como "el estado en el que el individuo es consciente de sus propias capacidades y puede afrontar las tensiones normales de la vida, trabajar de forma fructífera y de contribuir a su comunidad". Sin embargo, dicha condición se ve alterada de forma importante en un alto índice de adultos mayores de 60 años.

Los cambios propios del envejecimiento merman muchas funciones, limitando el buen funcionamiento del organismo y dificultando la realización de actividades y la adaptación de los ancianos, aunque no sea imposible.

Constantemente nuestro cuerpo y entorno cambian al punto en que notamos que nada es como antes lo experimentábamos. Evolucionamos constantemente. A nivel físico tenemos la posibilidad de volvernos más fuertes; a nivel intelectual es notorio que cada generación se vuelve más capaz de resolver situaciones intelectuales.

Por cientos de años se ha buscado cura para las enfermedades, así como la fuente de la eterna juventud a fin de evitar el doloroso momento que implica la muerte, pero como podemos ver, al igual que nosotros, los padecimientos también evolucionan y con ello los remedios para curarlos. La vida se prolonga y nos enfrentamos a nuevos retos en materia de salud y cambios psicológicos ante la adaptación de cada situación.

Si bien aún no se encuentra la cura para muchas enfermedades -ni la fuente de la eterna juventud- cada persona va encontrando la forma de adaptarse a su medio para poder disfrutarlo o sufrirlo.

Aunque durante el desarrollo de este texto se tocaron temas acerca de padecimientos psiquiátricos que generalmente aquejan a la población de la tercera edad, no hay que olvidar que todos ellos pueden presentarse en cualquier etapa de la vida.

No todas las personas padecerán trastornos psiquiátricos, y quienes padezcan alguno no necesariamente requerirán medicación; sin embargo, es necesario que los profesionales de la salud sepamos que existen este tipo de enfermedades y que el impacto que tienen en la vida de quienes las padecen puede ser bastante grave.

Minimizar los síntomas que generan el sufrimiento psicológico o psiquiátrico de las personas es igual a desacreditar la importancia de la empatía, de tal forma que aceptar que existen dichos padecimientos permite tratarlos oportunamente. Por otro lado, hacer juicios de lo que se observa de manera superficial y sin conocerlo a profundidad, nubla la razón y evita identificar la verdadera fuente de sufrimiento, lo que a su vez dificulta la ayuda que se le pueda proporcionar al paciente.

Debemos considerar que la persona es valiosa por sí misma, tanto los niños como los jóvenes, los adultos y los ancianos.

Desafortunadamente muchas personas creen que lo único que le toca experimentar a un anciano es la muerte, cuando en realidad se trata de una etapa en la que le quedan muchas cosas por vivir. El valor que cada uno se da o cree tener con base en lo aprendido o lo vivido le hará sentirse bien o mal. Esto repercutirá en la posibilidad de disfrutar o sufrir su propia existencia.

Conocerse y aceptarse ayuda al individuo a estar en paz consigo mismo; por tanto, es necesario encontrar la manera de no mantener una pelea constante con lo que uno es. Conocerse ayuda a responsabilizarse de los actos propios, y con esto se evita responsabilizar a los demás de lo que uno mismo genera. La persona que no es responsable de sus propios actos tiende a sufrir terriblemente y a culpar a los demás de lo que ella misma realiza.

Conocerse, quererse y aceptarse permite consolidar una autodeterminación positiva que puede aparecer en cualquier momento de la vida; esto dependerá de la intención que se tenga de hacer lo que se desea y no de lo que se cree que se debe hacer. De otro modo, cuando se adoptan reglas sociales ante las que se está en contra, la autodeterminación puede ser negativa, afecta la emoción y contaminar aún más el pensamiento.

Cualquier etapa de la vida es buena para dejar de sufrir, para cambiar, para tomar caminos diferentes, para conocer otras vías a través de las cuales continuar, para aceptar que se necesita ayuda, para vivir mejor y para saber que nuestra felicidad y mejoría dependen de nosotros mismos.

Aunque existe una manera general de envejecer físicamente, no todos lo hacen de la misma forma psicológica. Algunas personas se dan cuenta del paso del tiempo y se sienten jóvenes, otras se sienten viejas o así se ven cuando no lo son.

Muchas veces he escuchado la frase «viejos los cerros y, aún así, cada año reverdecen». Ante esto podemos notar que para algunos ancianos, el envejecimiento no es más que una etapa de la evolución del organismo y la vulnerabilidad en la etapa de la vejez puede ser un pensamiento más que un hecho.

Hay muchos momentos en los que se puede estar mejor, y eso depende tan solo de quererlo. Por otro lado, cuando nos encontramos limitados por el paso del tiempo y la fragilidad de nuestro cuerpo siempre podemos buscar la manera de no sufrir tanto.

Si bien la evolución del organismo a través del tiempo es algo inevitable, el sufrimiento puede serlo; esto dependerá de nuestra disposición para creer que se puede estar mejor y, sobre todo, de buscar los medios para que ello se cumpla.

Pero no todas las historias relacionadas con el envejecimiento son estrictamente difíciles. A menudo escuchamos historias extraordinarias de ancianos que logran hazañas o que realizan actividades que algunos jóvenes no pueden llevar a cabo.

Cada día es más común ver a octogenarios o nonagenarios realizar actividades físicas y deportivas. Contrario a hace 30 o 40 años cuando muchos adultos mayores limitaban sus actividades a cocinar, barrer, regar plantas o acudir a la iglesia, actualmente salen a correr, ejercitarse, nadar, tocar algún instrumento, bailar...

Desde hace más de dos años he tenido la oportunidad de observar con asombro a un hombre de aproximadamente 80 años que cada sábado sale a correr a paso veloz hasta la pirámide de Cholula, lo que me hace pensar en lo afortunado que es de poder salir a ejercitarse. No sé nada de su vida ni de su salud, pero sí sé que cada sábado -alrededor de las 7:30 am- ese hombre de cabeza cana, camiseta blanca totalmente sudada y pantaloncillos cortos sale a correr.

Otro caso es el de la señora Rosario Iglesias ("Chayito"), una mujer que a sus noventa años vendía periódicos y corría en competencias dentro de las categorías de 200, 400 y 600 metros. Para ella la edad no era un impedimento ante su sueño de ser corredora. Salió en los noticieros, en diversas entrevistas y fue tomada como ejemplo de envejecimiento saludable. Fue una mujer que dejó huella en el pensamiento de muchas personas que creían que no podían hacer algo más cuando la realidad es que no se atrevían a hacerlo.

Los tiempos han cambiado y cada quien adopta la idea de vivir bien realizando cambios en su alimentación, en su estilo de vida e incluso en su forma de pensar.

Constantemente la gente se da a la tarea de buscar respuestas y maneras de mejorar y de sentirse mejor. Muchos pacientes, sin importar su edad, me preguntan cómo pueden tener ganas de hacer las cosas. Desafortunadamente no existe una respuesta general a dicho cuestionamiento, aunque, si la hubiera, no habría tanto sufrimiento.

Lo que sí hay son posibilidades de replantearse constantemente el por qué y el para qué de las cosas. Existe la oportunidad de plantearse metas, tomar decisiones, estar determinados a realizarlas y comenzar a cambiar aquello que nos disgusta de nosotros. Cambiar a los demás no depende de nosotros, pero cambiarnos a nosotros mismos sí es posible.

Cada quien opina de acuerdo a su experiencia. Mientras para algunas personas la pérdida de familiares cercanos puede ser algo catastrófico, para otras puede ser una experiencia más. Algunos sufren por lo económico, otros por lo familiar, por lo social, por el abandono o por el estatus. Lo cierto es que el dolor puede ser tan grande como la importancia que se le imprima a cada situación.

A menudo escucho a la gente asegurar que no puede hacer ciertas cosas, pero la limitación de cada uno dependerá de la fuerza que ejerza la sociedad en el pensamiento propio o de las ideas que cada uno se forme acerca de las cosas que puede o no hacer.

Como psiquiatra sé que el pensamiento negativo que surge de la propia experiencia o de la de otros (como de los padres, cuidadores, familiares, pareja o sociedad) influye en gran manera para desempeñarse ante situaciones cotidianas, pero también sé que el pensamiento positivo no surge de la nada, sino de la toma de decisiones, de la responsabilidad que cada uno tome sobre las acciones que realice y de la objetividad con la que se tome el resultado, de ver los fracasos como una oportunidad para hacer mejor las cosas y los triunfos como una experiencia positiva que también nos deja aprendizajes.

Pero, ¿por qué unos sufren y otros no?, ¿por qué, a pesar de tantas adversidades vividas, algunas personas tienen la capacidad de levantarse y seguir adelante?, ¿en dónde o cómo se aprende a no sufrir y a bien vivir? Ante estas preguntas hay gran cantidad de respuestas, tantas o más como la cantidad de personas a las que se les pregunte.

La capacidad para adaptarse a vivir bien o mal depende de muchos factores que van desde biológicos hasta psicológicos, sociales o políticos; aunque sin duda alguna también depende de la personalidad de cada quien y de sus posibilidades para experimentar.

Las experiencias que vamos viviendo a lo largo de nuestra vida nos marcan de determinada manera; sin embargo, la afectación que puedan provocarnos dependerá en gran medida del aprendizaje que vayamos adquiriendo con cada una de ellas.

A lo largo de mi carrera profesional he aprendido a observar el proceso del envejecimiento desde el punto de vista médico, psiquiátrico y personal. He aprendido a observarlo a través de los ojos no solo de los pacientes, sino de sus familiares, de mis abuelos, de mis padres... La historia de cada persona es importante, así como escucharlos, y cada persona habla de su situación de acuerdo a la manera en la que experimenta y en la que procesa cada situación.

Mientras algunas personas hablan de lo mal que les ha ido en la vida ya sea por las carencias o situaciones adversas de las que fueron partícipes o víctimas, otras tienden a hablar de la forma en la que superaron lo negativo que se presentaba ante ellos.

Recuerdo mucho a la señora Fabiola: La octogenaria feliz. Mamá de uno de mis pacientes que, mientras me contaba su historia, me permitió comprobar que tenía la esperanza de que cada momento sería aún mejor. Sin duda alguna conocerla me inspiró a escribir esta serie de relatos para que cada lector se sienta identificado y se dé cuenta de que alguno de sus sentimientos puede ser patológico, pero tiene la posibilidad de ser remediado.

La señora Fabiola comenzó a escribir a sus 80 años. Cuando la conocí estaba escribiendo su tercer libro y en una ocasión me escribió una carta para comentarme parte de lo que había sido su vida. Esto fue lo que escribió:

> Soy una persona viuda de 85 años, madre de dos hijas y de un varón con síndrome de down. Mi hijo, la persona por quien caí en mi primera depresión, hoy tiene 48 años y a veces presenta crisis muy fuertes que no puedo controlar.
>
> La primera vez que el psiquiatra vino a verlo me dijo: «¿A qué

se debe que usted tenga la mirada de una persona joven?». Pregunta que me fue desconcertante. No supe qué contestar. Una de mis hijas me acompañaba y respondió: «Tal vez sea porque es escritora...».

Un día empecé a contar mi vida pensando en las personas de la tercera edad, pero me pareció aburrida y con pasajes deprimentes que no serían útiles para ellos. Los días seguían corriendo y yo seguía sin escribir. De pronto, me miré al espejo y vi la misma mirada de toda la vida, en unos ojos más viejos cada día. Recordé las palabras del psiquiatra y el comentario de mi hija y me di cuenta de que desde hace tiempo estoy más alegre y positiva sin saber a qué atribuirlo. Una madrugada la respuesta llegó muy clara: Desde que escribo mi actual libro me siento llena de vida y con ánimo para continuar mi proyecto.

En el libro que estoy escribiendo hago referencia constante a mi etapa juvenil; a la de los quince o veinte años. Es una edad que se ha asociado con el color rosa porque todo se ve precisamente así y todo se disfruta al máximo. En esos momentos de la vida por lo general hay salud y el camino que está por delante promete ser hermoso. Así lo vemos. Revivir esos años a través de la escritura me permite volver a disfrutar al máximo lo que tengo.

Debo reconocer que no siempre fue así y que las cosas que soñé e imaginé de joven no resultaron tan bellas. Con el tiempo las cosas cambian y no son tan hermosas como nosotros las imaginamos. La salud se deteriora, las personas queridas nos dejan y el paisaje se va tornando gris a medida que vamos acumulando años.

En mi caso, el nacimiento de mi último hijo me llevó a una depresión que duró muchos años. El destino quiso que un día lo perdiera por doce larguísimas horas que han sido las más dolorosas de mi vida. Sentir la pérdida de mi hijo me hizo comprender que su presencia en mi hogar era la de un ángel, la de un bienaventurado que Dios había enviado, ex profeso, no para hacerme sufrir, sino para darme una felicidad que yo debía descubrir.

Sí, ese día descubrí que su existencia era mi máxima felicidad. Ese día también caí de rodillas para dar gracias y llorar, ya no por rebeldía, sino de agradecimiento por haber encontrado a mi hijo y, antes de eso, por haberlo engendrado.

Más adelante otra depresión me acompañó por largo tiempo al enviudar. Gracias a la fuerza de voluntad tan grande que me dio Dios, y a la ayuda que me prestó una buena psicóloga, pude salir adelante.

Otro momento difícil en mi vida, y que también me hizo caer en depresión, fue la inesperada noticia de que mi hija mayor, quien siempre había sido muy sana, tenía leucemia y estaba en la penúltima etapa de la enfermedad. Lo bueno fue que nos dieron esperanza.

Cada hijo es único e insustituible, y yo no me hacía a la idea de que, de la noche a la mañana, podría perder a mi hija. Nuevamente -sin darme cuenta- caí en una depresión profunda.

Pienso que la depresión es como el cáncer, que cuando uno se da cuenta de que lo tiene ya está bien instalado y es difícil erradicarlo. Cuando se presentó mi última depresión yo no tenía aliento ni para mover un dedo, y creo que una buena opción hubiera sido recurrir nuevamente a la psicóloga. Era tanta mi tristeza que ni ánimo tenía para pedir ayuda. Fue en ese momento cuando llegó lo que para mí ha sido mi mejor medicina.

De pronto Dios me mandó una chica que me dijo: «Señora, yo sé que usted tiene el deseo de escribir un libro. Yo estoy estudiando diseño gráfico y sé escribir en la computadora, ¿le gustaría que le ayudara?» Jamás olvidaré esas palabras que me salvaron de aquella arena movediza en la que me iba hundiendo poco a poco sin ninguna esperanza de salvación. No me di cuenta de que estaba en depresión.

A la fecha estoy escribiendo mi tercer libro, mi hija está completamente sana y yo me liberé por completo de la terrible enfermedad llamada depresión. Encontré, sin proponérmelo, la fórmula mágica de la felicidad. ¿Quieren saberla? Consiste en hacer lo que más nos gusta.

Escribir mis recuerdos es lo que más disfruto. Para otras personas quizá funciona escribir recetas de cocina, ver películas, leer, ir al parque, contemplar las flores... Afuera siempre habrá algo nuevo que ver. Aún para quien se encuentre incapacitado para moverse siempre habrá forma de salir de sí mismo para explorar nuevos horizontes.

La segunda parte de la fórmula mágica es válida tanto para las personas que aún son autosuficientes como para las que están en una silla de ruedas o postradas en una cama: Dediquen una hora fija, todos los días, a cerrar sus ojos e ir a la fuente de su juventud. Ahí habrá cosas preciosas que recordar y por las que valió la pena vivir, reales o ficticias, pero ahí están. La juventud vivida jamás se borra; se puede olvidar el día en el que se vive, lo que comimos ayer, pero las cosas bonitas de la juventud jamás se deterioran.

Mi consejo es: Revivan diariamente, durante veinte minutos, un capítulo de su juventud. Les aseguro que tras un año de practicarlo alguien va a preguntarles cuál es el secreto para llegar a tener la mirada de una persona joven, aún cuando no lo sean. Ustedes sabrán si revelan el secreto o no.

Sin duda alguna, escribir sobre una etapa de vida que no se ha experimentado es difícil; sin embargo, describir algunos procesos patológicos de tipo neuropsiquiátrico que pueden presentarse durante la senectud puede ser más sencillo.

Qué mejor que conocer a las personas íntimamente para saber cómo poder ayudarlas. De eso parte la observación clínica.

BIBLIOGRAFÍA

Andreescu C., Varon D. New Research on Anxiety Disorders in the Elderly and an Update on Evidence-Based Treatments. Curr Psychiatry Rep (2015) 17: 53 DOI 10.1007/s11920-015-0595-8

Ancoli-Israel S. Insomnia in the elderly: A review for the primary care practitioner. Sleep, 2000. Pp. 23: S23-S30.

Angulo-Cruz R., Umaña-Álvarez A., Arguedas-Gourzong E. Psicosis en el adulto mayor: Revisión Bibliográfica. Revista médica de Costa Rica y Centroamérica. LXV (586) 377-381, 2008.

Arroyo Rueda, M.C., Ribeiro Ferreira M. El apoyo familiar en adultos mayores con dependencia: tensiones y ambivalencias. Ciencia UANL, vol. 14 núm. 3 julio-septiembre, 2011. Pp. 297-305.

Artiles-Pérez R., López-Chamón S. Síntomas somáticos de la depresión. SEMERGEN, 2009. Pp. 35, Supl. 1:39-42.

Barrantes-Monge M., García-Mayo E.J., Gutiérrez Robledo L.M., Miguel-Jaimes A. Dependencia funcional y enfermedades crónicas en ancianos mexicanos. Salúd pública México, 2007. Pp. 49, supl. 4:S459-S466.

Belló M., Puentes-Rosas E., Medina-Mora M.E., Lozano R. Prevalencia y diagnóstico de depresión en población adulta en México. Salud Pública Mex., 2005. Pp. 47 Supl. I:S4-S I I.

Bombois S., Derambure P., Pasquier F., Monaca C. Sleep disorders in aging and dementia. The journal of nutrition, 2010. Vol 14(3): 212-217.

Bystritsky A, Khalsa S.S., Cameron M.E., Schiffman J. Current diagnosis and treatment of anxiety disorders. Pharm Ther. 2013;38:30–57.

Carmin C.N., Wiegartz P.S., Scher C. Anxiety Disorders in the Elderly. Current Psychiatry Reports. March, 2000. DOI: 10.1007/s11920-000-0036-0. Source: PubMed.

Cefalu Cha. Theories and mechanisms of aging. Clinical Geriatric Med. 27, 2011. Pp. 491-506.

Cipriani G., Lucetti C., Carlesi C., Danti S., Nuti A. Sundown syndrome and dementia. Eur. Geriatric Med., 2015. http://dx.doi.org/ 10.1016/j.eurger.2015.03.006

Cochran, S. V., & Rabinowitz, F. E. (2000). PRACTICAL RESOURCES FOR THE MENTAL HEALTH PROFESSIONAL. MEN AND DEPRESSION: CLINICAL AND EMPIRICAL PERSPECTIVES. San Diego, CA, US: Academic Press.

Da Silva Rodriguez, Carles Ysaac. Envejecimiento: evaluación e intervención psicológica. Manual Moderno, 2017.

Daffner K.R. Alzheimer´s Disease and other Dementias. Comprehensive Review of Neurology. Directed By Martin Samuels. Oakstone Medical Publishing, 2009.

De la Fuente, Juan Ramón., Heinze Gerhard. Salud mental y medicina psicológica. McGrawHill. Segunda edición, 2014. Cap. 15. Pp. 181.

Depp C.A., Jeste D.V. Bipolar disorder in older adults: a critical review. Bipolar Disord, 2004. Pp. 6(5):343–367.

Es.oxforddictionaries.com/definicion/desinhibición

Ford A.H. Neuropsychiatric aspects of dementia. Maturitas 79, 2014. Pp. 209-215.

Frey B.N., Andreazza A.C., Houenou J., Jamain S., Goldstein B.I., Frye M.A., et al. Biomarkers in bipolar disorder: a positional paper from the International Society for Bipolar Disorders Biomarkers Task Force. Aust. N.Z.J. Psychiatry, 2013. Pp. 47(4):32132. DOI: 10.1177/0004867413478217.

Fridman E.A., Starkstein S.E. Treatment of depression in patients with dementia: Epidemiology, pathophysiology and tratment. CNS Drugs, Sep. 2002. Pp. 14(3): 191-201

Gallego-Delima F., ARJÉ Revista de Postgrado FACE-UC. Vol. 8 Nº 14. Junio-diciembre 2009 200173-185.

Guía de consulta de los criterios diagnósticos del DSM-5. Arlington, VA, Asociación Americana de Psiquiatría, 2013.

Ham-Chande R., Rojas-Huerta A.V., Gudiño M.R. Envejecimiento por cohortes de la población mexicana de 60 años de edad y más en 2010, en edición. Vol. 6, Núm. 2 por Vol. 6, Núm. 2, mayo-agosto 2015.

Kaplan & Sadock´s. Synopsis of Psychiatry. Behavioural Sciences/Clinical Psychiatry tenth edition, 2009.

Khachiyants N., Trinkle D., Son S.J., Kim K.Y. Sundown Syndrome in Persons with Dementia: An Update Psychiatry Investigation, 2011. PP. 8:275-287.

Leblanc M.F., Desjardins S., Desgagne A. Sleep problems in anxious and depressive older adults. Psychol Res. Behavior Management, 2015. Pp. 8:161–169.

Leistikow N., Lehmann S.W. Epidemiology of Older Age Bipolar Disorder. In: Lehmann S., Forester B. (eds.) Bipolar Disorder in Older Age Patients. Springer, Cham. 2017

Locke A.B., Kirst N., Shultz C.G. Diagnosis and Management of Generalized Anxiety Disorder and Panic Disorder in Adults. Am. Fam. Physician, May, 2015. Pp. 1;91(9):617-624.

Luca A., Luca M., Calandra C. Sleep disorders and depression: Brief review of the literature, case report, and nonpharmacologic interventions for depression. **Clin Interv Aging.** 2013;8:1033-9. doi: 10.2147/CIA.S47230. Epub 2013 Aug 5

Maletic V., Raison C. Integrated neurobiology of bipolar disorder. Front Psychiatry, 2014. Pp. 5:98.10.3389/fpsyt.2014.00098.

Mc Keith I.G., Dickson D.W., Lowe J., ET AL. Diagnosis and Management of Dementia with Lewy Bodies. Neurology, 2005; 65: 1863-1872.

McIntyre R.S., Konarski J.Z., Yatham L.N. Comorbidity in bipolar disorder: a framework for rational treatment selection. Hum Psychopharmacol, 2004. Pp. 19:369–8610.1002/hup.612.

Miguel Tobal, JJ. La ansiedad. En J. Mayor y L. Pinillos (eds.): Tratado de Psicología General: Motivación y Emoción (vol. 3). 1990, pp.309-344. Madrid: Alhambra.

Naismith S.L., Norrie L.M., Mowszowski L., Hickie I.B. The neurobiology of depression in later-life: Clinical, neuropsychological, neuroimaging and pathophysiological features. Progress in Neurobiology 98, 2012. Pp. 99-143.

Olazarán-Rodríguez J., Agüera-Ortiz L.F., Muñiz-Schwochert R. Síntomas psicológicos y conductuales de la demencia: prevención, diagnóstico y tratamiento. Rev. Neuro., 2012. Pp. 55: 598-608.

Organización Mundial de la Salud, 2016. **www.who.int/mediacentre/news/releases/2016/health-inequalities-persist/es/**

Oude Voshaar R.C., Kapur N., Bickley H., Williams A., Purandare N. Suicide in later life: A comparison between cases with early-onset and late-onset depression. Journal of Affective Disorders 132, 2011. Pp. 185–191.

Pearn J, **Gardner-Thorpe C.** Jules Cotard (1840-1889): His life and the unique syndrome which bears his name, May 2002. Pp. 14;58(9):1400-3.

Perez S. Factores de riesgo suicida en el anciano. Ciencia Salud Colectiva. 2012, 17:2011-6

Primero-Rivas L.E., Biagini-Alarcón M. La nueva epistemología y la salud mental en México, Primera edición, de 2016, Universidad Pedagógica Nacional, Esta edición es propiedad de la Universidad Pedagógica Nacional, Carretera al Ajusco núm. 24, col. Héroes de Padierna, Tlalpan, C.P. 14200, Ciudad de México. www.upn.mx.

Ribeiro M. Vejez, familia y política social. Revista perspectivas sociales. Pp. 4(1): 147-168. Otoño de 2002.

Roche Bergúa A., y Colaboradores, Psicogeriatría Temas Selectos, Academia Mexicana De Patología Dual, Primera Edición 2017.

Rodriguez J.C., Dzierzewski J.M., Alessi C.A. Sleep problems in the elderly. Med. C. North Am., March 2015. Pp. 99(2): 431-439. DOI:10.1016/jmcna.2014.11.013.

Roepke S.K., Ancoli-Israel S. Sleep disorder in the elderly. Indian J. Med. Res. 131, February, 2010. Pp. 302-310.

Rojas G., Ladrón de Guevara D., Jaimovich R., Brunetti E., Faure E. y Gálvez M. Neuroimágenes en demencias. Rev. Med. Clin. Condes, 2016; 27(3):338-356.

San Joaquín A.C., Fernández E., Mesa M.P., García-Arilla E. Tratado de geriatría para residentes. Capítulo 4. Valoración Geriátrica Integral. SEGG. 2007. Pp. 59-68.

Sánchez-Pérez M., Angulo-Cruz R. Negativismo y conductas regresivas en ancianos. 9° Congreso Virtual de Psiquiatría. Interpsiquis, febrero, 2008.

Schuurmans J. Van Balkom A. Late-life Anxiety Disorders: A Review. Curr Psychiatry Rep. 2011 DOI 10.1007/s11920-011-0204-4.

Seignourel P.J., Kunik M.E., Snow L., Wilson N., Stanley M. Anxiety in dementia: A critical review. Clinical Psychology Review 28, 2008. Pp. 1071–1082.

Sheriff-Shaik S., Ranjan Varma A. Differentiating the dementias: a neurological approach. Progress in Neurology and Psychiatry, 2012.

Sickel, A.E., Seacat, J.D., Nabors N.A. Mental Health Stigma Update: A Review of Consequences. Advances in Mental Health, 2014. Pp. 12(3), 202-215.

Starkstein S.E., Petracca G., Chemerinski E., Kremer J. Syndromic validity of apathy in Alzheimer's disease. Am. J. Psychiatry, 2001. Pp. 158: 872-7.

Suzuki K., Miyamoto M., Hirata K. Sleep disorders in the elderly: Diagnosis and management. J. Gen. Fam. Med., 2017. Pp. 18:61-71.

Tafeta G.E., Bernardini R. Psychoneuroendocrinological links between chronic stress and depression. Progress in Neuro-Psychopharmacology & Biological Psychiatry 27 (2003) 893–903.

Vallejo Ruiloba J. y otros. Introducción a la psicopatología y la psiquiatría. Masson, Barcelona, 1999, 4° edición. Pp. 234.

Van Gerpen M.W., Johnson J.E., Winstead D.K. Mania in the Geriatric Patient Population: A review of the Literature. Am J Geriatr Psychiatry, 1999. Pp. 7:188-202.

Velásquez Suarez J.M., Suicidio en el anciano. Rev Colomb Psiquiat . 2013;43(S1):80–84

Vink D., Aartsen M.J., Schoevers R.A. Risk factors for anxiety and depression in the elderly: A review. Journal of Affective Disorders 106, 2008. Pp. 29–44.

Willner P., Scheel-Krüger J., Belzung C. The neurobiology of depression and antidepressant action. Neuroscience and Biobehavioral Reviews, 2013.

Xiao-Xue Li., Zheng Li., The impact of anxiety on the progression of mild cognitive impairment to dementia in Chinese and English data bases: a systematic review and meta-analysis. Int. J. Geriatr Psychiatry, 2018. Pp. 33: 131–140.

www.infodrogas.org/drogas/que-son-las-drogas?start=3

www.mayoclinic.org/es-es/diseases-conditions/mild-cognitive-impairment/symptoms-causes/syc-20354578

www.who.int/mediacentre/factsheets/fs381/es/ Última revision, 31 de julio de 2018.

ACERCA DEL AUTOR

Hugo Vega Hernández

Estudió la carrera de medicina en la Facultad de Medicina de la Benemérita Universidad Autónoma de Puebla. Posteriormente realizó la Especialidad en Psiquiatría en el Instituto Nacional de Psiquiatría "Ramón de la Fuente Muñiz" y Alta Especialidad en Psicogeriatría en el Hospital Psiquiátrico "Fray Bernardino Álvarez". Interesado en la capacitación y enseñanza de temas de salud mental, imparte clases de Geriatría a nivel de universitario en la carrera de Psicología y de Psiquiatría y de Psicogeriatría a nivel de postgrado.

Made in the
USA
Lexington, KY

55236010R00136